Erich Blechschmidt · Sein und Werden

Erich Blechschmidt

SEIN UND WERDEN

Die menschliche Frühentwicklung

Urachhaus

ISBN 3 87838 350 9

 Satz und Druck der Offizin Chr. Scheufele, Stuttgart.

Inhalt

Einleitung

Im vergangenen Jahrhundert hat der Heilbronner Arzt Robert Mayer das Prinzip von der Erhaltung der Energie entdeckt und 1841 durch Berechnung des Wärmeäquivalents mechanischer Arbeit bewiesen. Seither weiß man, daß sich bei Umwandlungen von Energie ihr Erscheinungsbild ändert, während sie selbst erhalten bleibt. In Anwendung dieses Prinzips sind heute großtechnische Kraftwerke entstanden und von geographischer, politischer, wirtschaftlicher und sogar sozialer Bedeutung geworden. Wasserkraft und Kohle wären ohne die Kenntnis der Umwandelbarkeit von Energie nie – wie heute – zu einem Katastrophenproblem geworden.

Seitdem Energie in großem Ausmaß genutzt wird, ist die Idee der Machbarkeit unserer Umwelt so verführerisch geworden, daß heute nicht selten verlangt wird, nur das als wissenschaftlich gesichert anzuerkennen, was machbar ist. Die Frage »Was kann man machen?« wird damit unversehens zur Grundlage eines dominierenden Programms, so sehr, daß – gefördert durch die materiellen Erfolge der Industrie – materialistische Ideologien weithin heutiges Denken beherrschen. Die Schnelligkeit rotierender Räder erscheint als Sinnbild einer schnellebigen und damit als traditionsarm und wertlos (wertfrei-negativistisch) empfundenen Zeit.

Während im 17. Jahrhundert mit der Erfindung der Infinitesimalrechnung durch Leibniz und Newton der Rationalismus begründet wurde und sich dann mit der Erfindung von Arbeit leistenden Maschinen ein mechanistisches Weltbild entwickelte, ist danach im Gefolge der chemischen Großindustrie materialistisches Denken führend geworden.

Schon ist auch die Wissenschaft vom Lebendigen, die Biologie, im Begriff, zu einer Doktrin zu werden. Auch das Leben des Menschen soll machbar und damit manipulierbar werden. Der Gedanke, der hier realisiert wird, beinhaltet die Idee, daß das Lebendige mit rein naturwissenschaftlicher Beschreibung erschöpfend zu kennzeichnen und so auf vollkommen natürliche Weise erklärbar sei. Die hier erkennbare Tendenz hat Thürkauf die Überbewertung der »hervorbringenden Urteilskraft« genannt.[1]

Um die proklamierte rein naturwissenschaftliche Einstellung zu begründen, wird eine wertfreie Naturwissenschaft postuliert. Das soll heißen, daß Bewertungen hier nicht eingebracht werden dürften. Dies wiederum bedeutet, daß der Materie, dem Nichtgeistigen, der Vorrang über das Geistige eingeräumt wird, in letzter Konsequenz sogar, daß Geistiges negiert wird. Erst allmählich melden sich heute Stimmen, die fragen, ob der materialistische Fortschrittsgedanke richtig sei und ob das, »was geht«, deswegen, weil »es geht«, auch zu »machen« erlaubt sei.

In dem Gedanken, daß unter Naturwissenschaft nur sogenannte exakte Disziplinen (Physik und Chemie) zu verstehen seien, galt die Biologie zunächst nicht als Naturwissenschaft, weil sie zum Teil mit Begriffen wie Ganzheit und Gestalt arbeitet, die es in der Physik nicht gibt. Heute wird die Sonderstellung der Biologie und damit die Berechtigung spezifisch biologischer Begriffe vielfach in Frage gestellt. Es gibt Autoren, die mit modernen Laboratoriumsmethoden die Idee zu verifizieren suchen: Leben sei Physik plus Chemie. Vom Standpunkt der Machbarkeit aus bedeutet hier Biologie die Forderung, zunächst zu analysieren, das heißt wörtlich, die lebendige Ganzheit (um die es doch biologisch geht) aufzulösen und damit zufrieden zu sein, nach der Zerstörung wirklicher Ganzheit das Leben auf Scherben zu reduzieren (Reduktionismus).

Bei diesem Bestreben bleiben die organischen Gestaltungen, die in den Jahrzehnten vor Goethe zum Beispiel von dem Anatomen Burdach als Wesensmerkmale des Lebendigen aufgefaßt wurden, außer Betracht. Das hängt damit zusammen, daß Gestaltung weder differenzierbar noch integrierbar ist. Gestalt kann man im Gegensatz zu künstlichen Formen weder zerlegen noch zusammensetzen. Was wir biologisch Gestalt nennen, hat mehr als nur quantitative Dimension. Gestalt von Lebewesen ist immer Ausdrucksform und damit stets bezogen auf ein lebendiges Ganzes.

Wenn vielleicht eines Tages mit sehr viel Aufwand, scheinbar de novo, »Leben« in Form von einfachen Bakterien »gemacht« werden könnte, so wäre damit nicht die Realität des Geistigen widerlegt, denn immer wären die Überlegungen des Experimentators und die von ihm aufgestellte Versuchsanordnung und damit eine geistige Fähigkeit eine wesentliche Voraussetzung für das Gelingen des Experiments.

Organische Ganzheit und Unterteilung

In der Scholastik unterschied man zwischen der anima vegetativa, der anima sensitiva und der anima intellectiva. Allein die letztgenannte eignet dem Menschen als zusätzlich zur anima vegetativa und sensitiva. Danach ist es die anima intellectiva, die dem Menschen gegenüber Pflanze und Tier seine charakteristische Eigenart gibt und damit eine wesentliche Voraussetzung unter anderem für seine Gestalt ist. Die anima intellectiva ist wesentlich auch mit der Fähigkeit des Menschen zu freien, willkürlichen Handlungen verbunden. Willentliche Tätigkeit impliziert, ein Ziel bewußt zu verfolgen. Willentliche Tätigkeit ist stets so individuell, daß sie den Charakter persönlicher Eigenart hat.

In der begeisteten Leib-Seele-Einheit des Menschen ist das materielle Erscheinungsbild nur eines von mehreren Phänomenen verschiedener Ordnung. Im Unterschied zu einem Bauwerk, das aus einzelnen künstlich gefertigten Steinen errichtet wird und so erst allmählich zu einem realen Ganzen wird, summiert sich ein Organismus nicht erst nach und nach zu einer Einheit, sondern existiert schon seit Beginn seiner Entwicklung als ein Ganzes, und zwar nicht nur im Hinblick auf seine Gestalt, sondern auch hinsichtlich des Prozesses seiner Entwicklung, seiner materiellen Eigenart sowie seiner seelisch-geistigen Verhaltensweisen. Der Mensch kann deshalb nicht als eine Summe von Teilen aufgefaßt werden, bei der eine seelisch-geistige Komponente als Akzidens irgendwann einmal in der Ontogenese durch Einwirkung von außen hinzugefügt würde. Vielmehr ist das menschliche Lebewesen von Anfang an, mit der Befruchtung, eine geistige leib-seelische Einheit.

Nur solange diese Einheit existiert, ist menschliches Dasein real. Dies dokumentiert auch der Sprachgebrauch: Löst sich die Einheit von Körper und Geist, erlischt damit auch die menschliche Leibhaftigkeit. Der menschliche Leib ist als Träger menschlicher Eigenart mehr als nur Körperlichkeit.

Betrachten wir so den menschlichen Organismus als Ganzes, dann können wir ihn unter verschiedenen Gesichtspunkten beschreiben: als Gestaltetes, als ganzheitlich Werdendes, als materiell Wirkliches, als Wachsendes, als Seelisch-Animales und als geistig Tätiges. Er ist also in mehrfacher Hinsicht ein Ganzes. Er ist ebenso als Gestalt wie in seinen physikalisch beschreibbaren Eigenschaften und in seiner chemisch erkennbaren Natur, in seinem Wachstum, in seinem Verhalten und in seiner Tätigkeit jeweils ein Ganzes. Diese verschiedenen Ordnungen ganzheitlicher Erscheinungsweisen haben einen Zusammenhang miteinander, der nicht als Kausalzusammenhang zu verstehen ist, sondern als eine viel innigere Beziehung immanenter Ordnungen sich durchdringender Systeme. Es ist nicht ein und dasselbe, ob wir einen Organismus von oben bis unten als Chemismus oder als lebendiges Zellsystem beschreiben, ob wir ihn seiner Verhaltensweise wegen als Ganzes betrachten oder ihn als Träger spezifisch menschlicher Tätigkeit mit geistiger Eigenart verstehen wollen. Mit anderen Worten: in verschiedenen »Dimensionen« ist jeweils ein besonderes Ganzes zu beschreiben, alle zusammen aber machen erst »den« Menschen aus. Wenn wir jemanden als Musiker, als Architekten, als Arzt oder kurz als berufstätig bezeichnen, so läßt sich dies keineswegs auf Zelldifferenzierungen oder auf Stoffwechselvorgänge zurückführen, wenngleich zu jeder Tätigkeit unter anderem auch Stoffwechselprozesse gehören.

Die verschiedenen Ordnungen der Wirklichkeit haben jeweils in einzelnen Epochen das Denken beherrscht. Es hat eine Periode des Rationalismus gegeben, eine besondere Glanzzeit der Mathematik. Danach wurde physikalisches Denken und mit ihm allmählich eine mechanistische Weltanschauung dominierend. Dann erst finden wir mit der wissenschaftlichen Begründung der Chemie – etwa zur Zeit der Französischen Revolution – ein materialistisches Denken zur Weltanschauung erhoben. Die Harnstoffsynthese, die Wöhler gelang, zeigte, daß bis dahin als rein organisch aufgefaßte Substanzen auch in der Retorte synthetisiert werden konnten. Dies war vielleicht eine nicht unwesentliche Stütze der aufkommenden materialistischen Denkweise.

Erst in unserem Jahrhundert begann die Biologie eine repräsentative Disziplin der Naturwissenschaften zu werden. Mit Darwins Idee von der »natürlichen Entstehung der Arten« konnte sich in der Biologie eine neue Ideologie – die wir heute etwa als Evolutionismus bezeichnen können – entwickeln. Heute sind die alten Darwinistischen Vorstellungen durch eine Ideologie erweitert worden, die nunmehr auch die Verhaltensweise als naturwissenschaftlich erklärbar darzustellen versucht (Behaviorismus). Dabei wird das Verhalten des Menschen aus dem der Tiere deduziert. So spricht zum Beispiel Konrad Lorenz nicht von »Tier«-Psychologie, sondern sagt ausdrücklich: »Es gibt nur eine Psychologie!« – »Das kann doch wohl nichts anderes heißen, als daß Lorenz von vornherein Psychologie so betrieben hat, daß nur die Tier und Mensch grundsätzlich gemeinsamen Phänomene erfaßt wurden und daß diejenigen, die mit einer bei Tieren grundsätzlich nicht anwendbaren Methodik nicht festzustellen sind, von vornherein ausgeschlossen wurden. Was nimmt es da dann noch wunder, daß ein Menschenbild entsteht, das die Geistigkeit im Menschen nicht mehr wahrnehmen kann?«[2]

Die Beschreibung menschlicher Wesensart in den verschiedenen Ordnungen zeigt zwar im einzelnen Einheitlichkeit von Merkmalen, kennzeichnet aber doch nie als einzelne Ordnung jeweils den vollständigen Menschen. Denn die genannten Ordnungen gehören durch eine besondere Beziehung (Immanenz) untrennbar zusammen.

Daß ein lebendiger Organismus eine Einheit ist, kann man zwar weder durch Wägung noch durch irgendeine andere Meßtechnik nachweisen, aber an seiner Gestalt unmißverständlich erkennen. Die Gestalt, die ein befruchtetes Ei bei der Furchung, den frühen Unterteilungen der Eizelle und dann später bei seinen geweblichen Differenzierungen während seiner Organentwicklung zeigt, wäre kein Symptom von Entwicklungsvorgängen, wenn nicht die wesentliche Ganzheit des jungen Organismus erhalten bliebe.

Die Ganzheit des Organismus beinhaltet, daß menschliche Gestalt nicht etwa erst im Verlauf der Entwicklung entsteht, sondern bereits mit der Befruchtung existiert und sich mit Hilfe der Fähigkeit des Organismus, wachsen zu können, fortwährend wandelt. Bereits die befruchtete Eizelle (mit Kern, Zytoplasma und Zellgrenzmembran) hat Gestalt und ist schon räumlich ein Ganzes. Damit wird klar, daß die Gestalt einer Zelle, auch der ersten (Ei-)Zelle, nicht etwa das Ergebnis genetischer Information ist, wie bisweilen behauptet wird. Die mikroskopische (äußere) und submikroskopische (innere) Gestalt einer Zelle kann nicht auf Gene zurückgeführt werden, denn zwischen ihnen und der Gestaltung eines Organismus besteht kein unmittelbarer, direkter Zusammenhang. Der Chemismus einer Eizelle hat gegenüber ihrer Gestalt keine Priorität. Vielmehr hat schon die befruchtete Eizelle Systemcharakter, in dem die genetische Substanz des Zellkerns und die extragenetische Substanz des Zytoplasmas aufeinander bezogen, aber nicht auseinander ableitbar sind. Hier darf man die Vorstellung von genetischer »Information« nicht überbewerten. Wir werden darauf weiter unten noch zurückkommen.

Es gibt eine sehr allgemeine und einfache Art der Beschreibung wissenschaftlich gesicherter Fakten, nämlich, diese Gegebenheiten zu zählen, also festzustellen: da ist dies, dort ist jenes, und hier ist wieder etwas Besonderes. Wenn man auf diese Weise durch Zählen, das ist quantitativ, lebendige Differenzierungsprozesse zu erfassen sucht, kommt man zu dem erstaunlichen Ergebnis, daß alle frühen Differenzierungen zahlenmäßig faßbare Unterteilungen sind. Jede dieser im Verlauf der Differenzierung entstehenden Unterteilungen erfolgt nämlich dreigliederig. Die Dreigliedrigkeit scheint ein fundamentales Charakteristikum breiter Wirklichkeit zu sein. Sie betrifft die Dimension des Raumes: Länge, Breite und Höhe, ebenso wie die übergeordnete Dimension: Masse, Raum und Zeit. Oder im Materiellen die drei Aggregatzustände: fest, flüssig und gasförmig. Auch auf dem Gebiet geistiger Wirklichkeit kennen wir eine Dreiheit: Unterbewußtsein, Instinkt und Bewußtsein. Musikhistoriker denken hier vielleicht auch an den Dreiklang in der Musik, in der außerdem der »Dreier«-Takt als der vollendete, »ganze« Takt galt.

Wie wir heute erst wissen, gibt es besonders deutliche Dreiteilungen

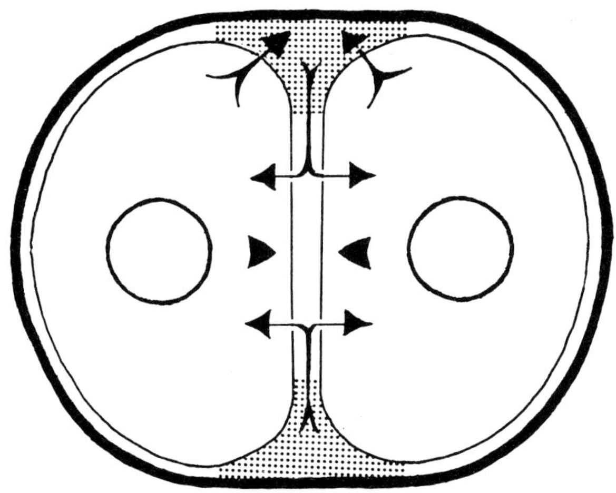

1 *Zwei-Zell-Stadium. Die Pfeile zeigen Stoffwechselbewegungen, mit denen sich die Zellen zusammenhalten*

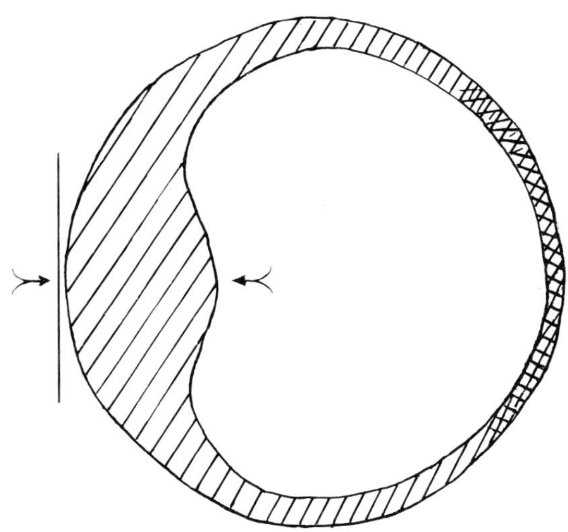

2 *Menschlicher, noch blasenförmiger Keim. Ca. 0,2 mm groß, ca. 3 Tage alt. Stadium der Ansaugung an die Uteruswand. Die Pfeile deuten Nahrungsaufnahme an*

bei den frühen Differenzierungen des menschlichen Organismus. Sie kennzeichnen seinen Systemcharakter und bekunden, daß er durch Unterteilung seine vorgegebene Ganzheit erhält. Die schrittweise Unterteilung zeigt, daß Differenzierung keine Summation von Teilen ist und damit keine Entwicklung vom Niederen zum Höheren.

Die Unterteilung des schon mit dem Ei gegebenen Ganzen ist offenbar entscheidend für den Ablauf der Differenzierung. Die Dreiteilung erfolgt schrittweise durch Bildung von gegensätzlichen Differenzierungen, die sich jeweils durch besondere Zwischenformationen miteinander verbinden. Was wir hier ontogenetisch finden, ist daher keine Höherentwicklung – etwa im Sinn der heutigen Evolutionshypothese –, aber gleichwohl eine Weiterentwicklung. Höherentwicklung zu einer größeren Vollkommenheit entspräche nicht der Feststellung, daß die Differenzierung eines lebendigen Organismus ein Sein voraussetzt, das dem Werden vorausgeht und daß dieses Sein im Sinn eines Ganzen schon primär eine Vollkommenheit ist.

Schon am Anfang der Entwicklung, wenn der menschliche Organismus noch einzellig ist, finden wir eine Dreiteiligkeit. Denn wir können klar unterscheiden: ein Äußeres (die Zellgrenzmembran), ein Inneres (den Zellkern) und zwischen beiden das Zytoplasma, das die Zellmembran mit dem Zellkern verbindet. Dreiteiligkeit ist auch wieder nachweisbar, wenn der junge Organismus aus zwei Tochterzellen besteht. Denn sie beide sind in einem besonderen Furchungsfeld, das eine spezifische Übergangsschicht darstellt, miteinander verbunden (Abb. 1). In dieser Übergangsschicht erfolgt ein Stoffaustausch und damit eine gegenseitige Regulation der Zellen, die unter anderem deren Einheit gewährleistet. Ähnliches gilt, wenn sich auch die Tochterzellen wieder unterteilt haben und dann durch Flächenwachstum allmählich das Blasenstadium des sogenannten Blastocyst entstanden ist. Dieser zeigt dann einen dickwandigen Polabschnitt, ihm gegenüber einen dünnwandigen Polabschnitt und zwischen diesen beiden Entwicklungsarealen eine besondere Übergangsschicht, die man als die Äquatorialzone des Blastocyst bezeichnet (Abb. 2).Der dickwandige Polabschnitt gliedert sich noch vor Ende der ersten Entwicklungswoche seinerseits wiederum dreiteilig. Er wölbt sich unter Materialaufnahme sowohl nach außen als auch nach innen vor und bildet zwischen den Vorwölbungszonen eine plane Übergangsschicht. Indem der dickwandige Abschnitt des Blastocyst durch Nahrungsaufnahme von seiner Oberfläche her wächst, entsteht ein Wachstumsgefälle nach innen. Hier im Inneren der Wand fehlt zunächst jede Materialaufnahme und damit Wachstum. Die assimilationsfreie Zone wird von den angrenzenden wachsenden Zellen gegen Ende der ersten Entwicklungswoche zu einem scheibenförmigen Zellverband gedehnt, dem Anlagegebiet des Amnion (Abb. 3).

Durch den Prozeß der Unterteilung, der so auf winzigen submikroskopischen Teilchenbewegungen beruht, wird die Fortdauer und damit die Erhaltung der Ganzheit gewährleistet. Nachdem sich das junge Ei etwa am fünften Tag an die Uterusschleimhaut zunächst »anzusaugen« und dann einzupflanzen (zu implantieren) beginnt, gewinnt es allmählich mehr und mehr an Volumen. Dann entstehen Unterteilungen verschiedener Ordnung, die das Erscheinungsbild des Eis mannigfach ändern: Die äußere Schicht des Eis wächst durch schnelle und intensive Nahrungsaufnahme, während das Innenei, im Wachstum zurückbleibend, gleichsam den Kern des jungen Keims bildet (Abb. 4–6). Eine lockergewebliche Übergangsformation überbrückt die verschieden schnell wachsenden Zonen. Das Innenei seinerseits ist etwa am 11.–14. Tag in zwei konträre, gleich große Blasenbildungen unterteilt, die dorsale und ventrale Eiblase, die in einem Übergangsfeld zwischen sich die menschliche Keimscheibe bilden (Abb. 6). Auch diese wird wieder dreiteilig. Sie bildet das relativ schnell wachsende Ektoderm, das relativ langsam wachsende Entoderm und zwischen beiden das Mesoderm (Abb. 7).

Auch später sind immer wieder »dreigliedrige« Unterteilungen festzustellen, zum Beispiel Kopf-, Hals- und Rumpfbildung bei 1–2 mm großen Embryonen. Anlage von Vorderhirn, Mittelhirn und Hinterhirn bei etwa 3 mm großen Keimlingen. Oberarm, Unterarm und Hand oder auch Oberhaut, Lederhaut und Unterhaut in späteren Entwicklungsstadien. Alle diese Unterteilungen gewährleisten in körperlich-materieller Ordnung die Erhaltung des spezifischen Ganzen.

Merkwürdigerweise erfolgen die genannten Unterteilungen regel-

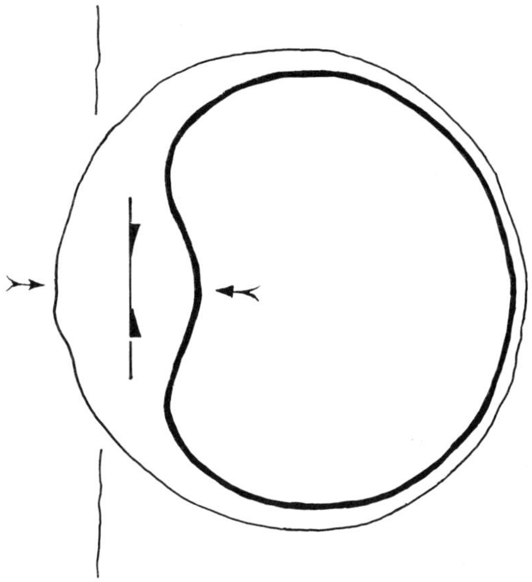

3 *Beginn der Einnistung des Eis in die Uteruswand. Die geschwänzten Pfeile zeigen oberflächliche Nahrungsaufnahme an, der Doppelpfeil eine Zone fehlenden Wachstums*

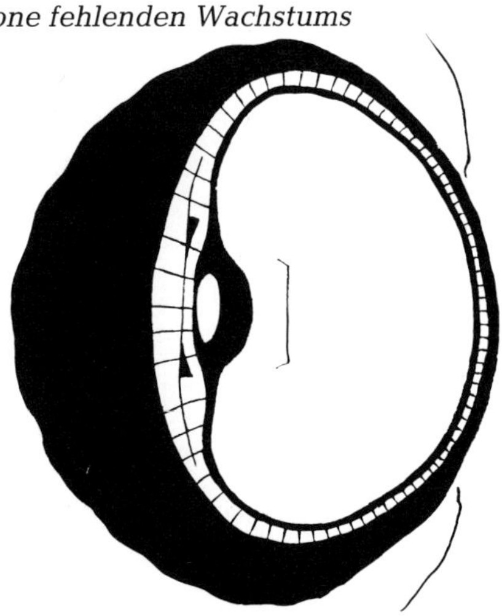

4 *Ca. 5 Tage altes menschliches Ei. Außenschicht schwarz, Intermediärschicht schraffiert, Klammer: Anlage des Embryos. Doppelpfeil: Zone fehlenden Wachstums*

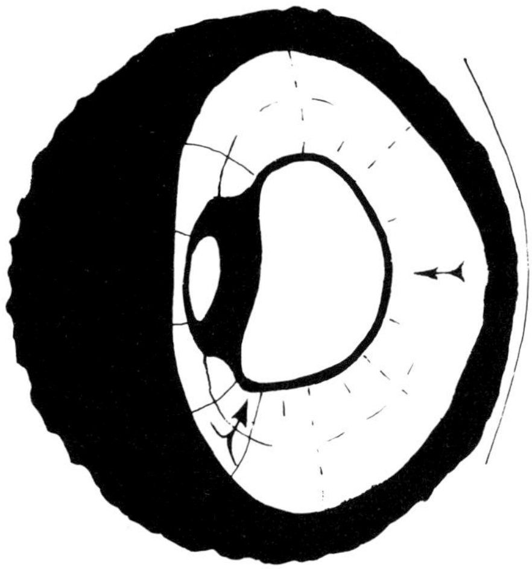

5 *Ca. 12 Tage altes menschliches Ei mit Außenschicht, Intermediärschicht und zweikammerigem Innenei (mit der Anlage des Embryos). Pfeile: Stoffwechselbewegungen*

6 *Ca. 14 Tage altes menschliches Ei (Ei Blechschmidt) mit 0,23 mm großer, noch scheibenförmiger Anlage des Embryos. Die Chorionhöhle ist im Inneren zellfrei geworden. Der Pfeil bedeutet Bewegung von Nahrungsstoffen in der Anlage des Haftstiels*

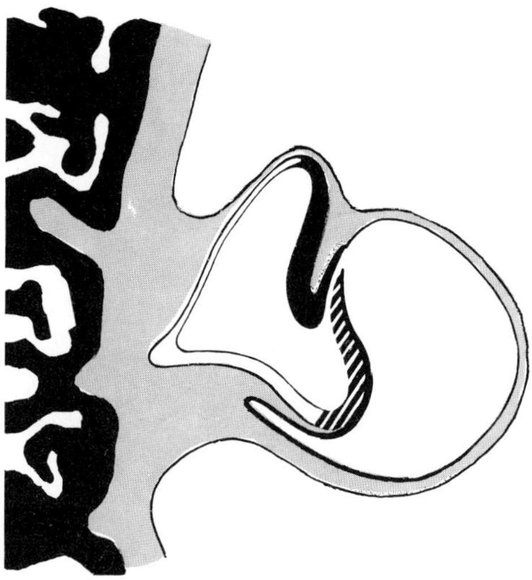

7 Ausschnitt aus dem ca. 2,2 mm großen Ei Blechschmidt. Innenei mit Keimscheibe, durch den Haftstiel mit dem Chorion verbunden

mäßig durch Bildung von Gegensätzen, wie zum Beispiel durch Differenzierung eines expansiv wachsenden dicken Ektoderm und eines schwach wachsenden dünnen Entoderm, verbunden durch die (mesodermale) Übergangsschicht. Das Phänomen der konträren Differenzierung verlangt, embryonische Organe nie isoliert, sondern immer im Zusammenhang des Ganzen zu beschreiben. Die genannten Differenzierungen sind als Folge von Unterteilungen nicht nur in ihrer Lage, Form und Struktur, sondern auch funktionell stets aufeinander abgestimmt. Es besteht daher eine enge gegenseitige Korrelation der Entwicklungsvorgänge, die ein Zeichen der genannten individualspezifischen Ganzheit ist. Diese Korrelation macht deutlich, daß sogenannte evolutive Veränderungen gar nicht quantitativ-punktuell durch Summation zusätzlicher Eigenschaften haben stattfinden können, weil dann der wesentliche Systemcharakter des Organismus nicht erhalten wäre.

Die Erhaltung der Individualität und der Irrtum des sogenannten Biogenetischen Grundgesetzes

Die Formel von der Erhaltung der Energie, die in den exakten Naturwissenschaften sowie in der Technik benutzt wird, kann in der Biologie durch den Satz von der Erhaltung der Individualität erweitert werden. Während der ganzen Dauer der Entwicklung bleibt nämlich der Träger der Ontogenese stets konstant ein und derselbe. Nur sein Erscheinungsbild ändert sich. Was sich als Träger erhält, nennen wir das Wesen, die Individualität. Eine Schwalbe, die in einem befruchteten Ei als Keimling lebt, bleibt als Wesen in jeder Phase der frühen und späteren Entwicklung eine Schwalbe, und zwar ein besonderes Schwalbenindividuum, das nicht zu einem Fisch, einem Frosch oder gar zu einem Säugetier werden kann. Eine Tanne bleibt eine Tanne, ein Mensch ist und bleibt Mensch mit einmaliger Individualität.

Das Individuelle ist beim Menschen bereits in seinen frühesten Phasen sehr deutlich. Schon da erscheint in der Gestaltung spezifisch menschliche Eigenart. Lebendige Gestaltung ist also mehr als nur materielle Form und Struktur.

Durch Anwendung unterschiedlicher Untersuchungsmethoden wissen wir, daß einzelne Merkmale wie Gewicht, Größe, Wassergehalt sowie chemische Strukturen auch sehr komplizierter Art beim Menschen und bei anderen Lebewesen im einzelnen die gleichen sein können, und doch haben sie im Rahmen der Ganzheit des Menschen stets menschliche Eigenart. Diese Individualität bleibt während der ganzen Dauer des Lebens, von der Befruchtung bis zum Tode, erhalten. Was sich im Laufe der Entwicklung ändert, ist nur das Erscheinungsbild, und damit unter anderem die Gestalt. Im Hinblick auf dieses Faktum verstehen wir unter Entwicklung zweierlei: Konstanz und Veränderung. Was in einer Entwicklung konstant bleibt, ist die Individualität, das Wesen, und was sich ändert, ist nur das Erscheinungsbild. Natürlich wird hier der in der Biologie benutzte Erhaltungsbegriff nicht im quantitativen Sinn verstanden wie in den Wissenschaften von der unbelebten Natur. Gleichwohl hat die Erhaltung der Individualität materielle Grundlagen. Darüber, besonders über die Chromosomen, haben vor allem Genetiker viel erarbeitet. Wir wissen aus ihren Untersuchungen, daß die hohe Stabilität der Chromosomen in besonderem Maße der Erhaltung des individualspezifischen Stoffwechsels dient.

Natürlich läßt sich die Individualität nicht messen; sie kann aber qualitativ an der unvergleichlichen Eigenart jedes Lebewesens erkannt werden. Denn Erhaltung der Individualität beinhaltet, daß der lebendige Organismus ein Ganzes ist. Das Wort Individuum, das ja eine Un-teilbarkeit – In-dividualität – betont, weist auf diese Ganzheit hin.

Der Entwicklung des Organismus, dem »Werden« des Menschen, geht immer das Sein, seine Existenz, voraus. Das Sein, die spezifische Ganzheit, ist nicht eine Folge von Entwicklung, sondern ihre wesentliche Voraussetzung. Dieses Sein als ein spezifisches, leib-seelisch Ganzes ist auf jeder Stufe der Entwicklung, also auch in ihrem Beginn, unteilbar, in-dividuell. Der Mensch entwickelt sich nicht »zum« Menschen, sondern »als« Mensch. Er ist Mensch seit der Befruchtung. Von einer Vorstufe des Lebens, von werdendem Leben zu sprechen, ist also nicht korrekt. Die Existenz der Ganzheit als Voraussetzung einer Entwicklung steht im Unterschied zu materialistischen Ideologien, nach denen erst aus dem Werden das spezifische Sein resultieren soll. Das Werden, die Entwicklung, die Evolution, ist nicht Voraussetzung eines menschlichen Seins, sondern umgekehrt ist dieses ontogenetisch die Voraussetzung jeder Entwicklung.

Die Feststellung von der wesentlichen Individualität widerspricht klar und deutlich der noch bis in unsere Tage vertretenen Annahme, daß nach dem von Ernst Haeckel 1866 aufgestellten vermeintlichen Biogenetischen Grundgesetz die Phylogenese (Stammesgeschichte) während der Ontogenese (Keimesentwicklung) in abgekürzter Form rekapituliert würde, daß also Wesensmerkmale verschiedener Spezies in den aufeinanderfolgenden Entwicklungsphasen des Menschen wiederholt würden.

Das sogenannte Biogenetische Grundgesetz ist einer der schwerwiegendsten und scheinbar unüberwindbaren Irrtümer der Biologie. Es hat aber heute ähnlich wie das Problem des Perpetuum mobile in der Renaissance nur noch historischen Wert. Wie kam Haeckel zu seiner seltsamen Vorstellung von einer Rekapitulation? Er wollte die Deszendenztheorie von Darwin beweisen. Er hielt sein Biogenetisches Grundgesetz für den entscheidenden Beweis der Darwinschen Abstammungslehre. Denn wenn es stimme, daß die Arten sich auseinander entwickelt hätten, müsse sich etwas aus der Vorzeit Ererbtes auch in den heutigen Generationen nachweisen lassen. Nach Haeckel wäre die Deszendenztheorie dann bewiesen, wenn es gelänge, Reste stammesgeschichtlicher Stadien in der menschlichen Ontogenese zu finden. Haeckel schreibt: »In dem innigen Zusammenhang der Keimes- und Stammesgeschichte erblicke ich einen der wichtigsten und unwiderleglichsten Beweise der Deszendenztheorie.«[3] Haeckel wollte also mit der Behauptung einer Rekapitulation der Phylogenese während der Ontogenese die Phylogenese selbst als natürliche Entstehung der Arten beweisen. Es war der Versuch, die Entstehung der Arten mechanistisch zu erklären. Die Idee von der natürlichen Entstehung der Arten ist in ihrer Konsequenz der Versuch, eine Schöpfung und damit einen Schöpfer überflüssig zu machen. Dieser weltanschauliche Aspekt der Haekkelschen Aussagen wird leicht übersehen.

Von der Spekulation Haeckels ist bis heute erstaunlich viel übriggeblieben. Es gilt immer noch als diskutierbares Problem, wie sich denn die Phylogenese in der Ontogenese erkennen lasse und wann in der menschlichen Ontogenese die Entwicklung des »eigentlichen« Menschen beginne. Woher weiß man, so wird gefragt, daß ein menschlicher Embryo, der zum Beispiel 1,5 mm groß ist, schon wirklich ein Mensch genannt werden darf? Dies soll hier klargestellt werden: Man weiß es aus der Anamnese, daß nämlich zwei menschliche Keimzellen zusammenkamen. Der Erfahrene weiß es aus vielen Beobachtungen von jeder Entwicklungsphase: so sieht ein menschliches und nur ein menschliches Ei aus. Und außerdem sagt ihm der Genetiker, daß menschliche

Chromosomen in einer menschlichen Zelle deutlich unterscheidbar von Chromosomen anderer Spezies sind.

Heute ist bekannt, daß Haeckel sein sogenanntes Biogenetisches Grundgesetz aufstellte, ohne die frühen Phasen der menschlichen Entwicklung zu kennen. Er konnte sie gar nicht kennen. Denn wegen der damals technisch noch völlig unzureichenden Präparate von jungen Keimen waren sichere Befunde von der menschlichen Frühentwicklung nicht möglich. Haeckel versuchte also, sein Gesetz begreiflich zu machen, ohne konkrete Befunde zu haben.

Wer dagegen das sogenannte Biogenetische Grundgesetz an den heute bekannten Fakten der menschlichen Entwicklung prüft, findet keine Bestätigung der Haeckelschen Vorstellungen. Vielmehr erkennt er, daß das Biogenetische Grundgesetz ein fundamentaler Irrtum der Biologie war. Es ist heute nachgewiesen, daß Haeckels Vorstellungen falsch waren und daß alle Versuche, etwas von ihnen zu retten, mißlingen müssen. Seine Vorstellungen gelten auch nicht etwa »in einem anderen Sinn« oder »nur im Prinzip« oder nur für einzelne Fälle oder gar – wie es in einem Lexikon heißt – zu 70 %.

Das sogenannte Biogenetische Grundgesetz gilt gar nicht. Hinsichtlich des Haeckelschen Grundgesetzes geht es heute nicht um eine Interpretation, um die Möglichkeit einer heuristischen Idee, eines theoretischen Modells, sondern um Sachkenntnis. Und diese Sachkenntnis verlangt die Aussage: Die Behauptung einer Rekapitulation der Phylogenese in der Ontogenese ist falsch.

Die phylogenetische Deutung von Entwicklungsvorgängen beim Menschen ist ein irriger Versuch, auf bequeme Weise etwas zu vereinfachen und zu deuten, was in Wahrheit durch intensive Forschungsarbeit bei Mensch und Tier als ontogenetische Differenzierung aufgeklärt werden muß. Das Thema in der Entwicklungsbiologie ist nicht die Ähnlichkeit von Strukturen bei verschiedenen Lebewesen, sondern der Grund dieser Ähnlichkeit. Hier beginnt das naturwissenschaftliche Problem. Es ist kein geschichtliches, kein erbbiologisches, sondern ein embryologisches.

Gewiß gibt es vergleichbare Verhaltensweisen bei verschiedenen Arten. Sie alle sind aber – sei es bei Mensch oder Tier – immer nur

Prozesse in einem jeweils individualspezifischen ganzheitlichen Geschehen. Gegen diesen Befund ist es kein Einwand, daß in jeder Phase der Ontogenese Prozesse ablaufen, die Einzelmerkmale haben, wie sie auch sonst in der belebten oder sogar in der unbelebten Natur vorkommen. Gleichwohl haben im Zusammenhang des ganzen Organismus einzelne Merkmale immer art- und individualspezifische Bedeutung. Das gilt für Tiere ebenso wie für Pflanzen. Die Merkmale der Gestaltung und das Verhalten des embryonalen Menschen haben Individualspezifität, ganz gleich, wie man etwa über eine Evolutionstheorie denken mag. Die Fakten der Ontogenese bleiben davon völlig unberührt. Denn die Entwicklung des Menschen aus einer befruchteten menschlichen Eizelle ist schon zu Beginn menschlich: Sie hat von Anfang an menschliche Eigenart (Abb. 8 und 9).

Niemand hat zeigen können, welche Tiere etwa rekapituliert werden (Haeckel selbst spricht von 30 Arten) und welche Stadien einer Tierart – frühembryonale oder ausgewachsene – in der menschlichen Frühentwicklung erscheinen. Warum sollen vorübergehend ein Vogelherz auftreten, aber keine Vogelfedern gebildet werden, dafür aber ein Fell? Bringen wir uns einmal konkret den Anspruch des sogenannten Biogenetischen Grundgesetzes zum Bewußtsein, so ist leicht zu merken, welcher Suggestivvorstellung man mit Haeckel anhängt. Das Biogenetische Grundgesetz ist eine äußerst bequeme, aber nicht fundierte Deutung. Denn es sagt sachlich gar nichts aus: weder über eine kausale Genese der Gestaltung, noch über die formale Genese.

Um eine klare Vorstellung von jungen menschlichen Embryonen, ihren Entwicklungsbewegungen und Stoffwechselfeldern zu bekommen, war es notwendig, vergrößerte körperliche Abbildungen, sogenannte Schnittserienrekonstruktionen der verschiedenen aufeinanderfolgenden Stadien herzustellen (Abb. 10 und 11). Solche Rekonstruktionen müssen in der Regel fast 1 m hoch sein, um die Organanlagen im Zusammenhang sicher ermitteln zu können und sie als konstruktive Bestandteile des Ganzen deutlich zu machen. Bisher fehlten solche Totalrekonstruktionen, denn das bislang für Modelle benutzte Bienenwachs ist viel zu weich, temperaturempfindlich und daher viel zu unsta-

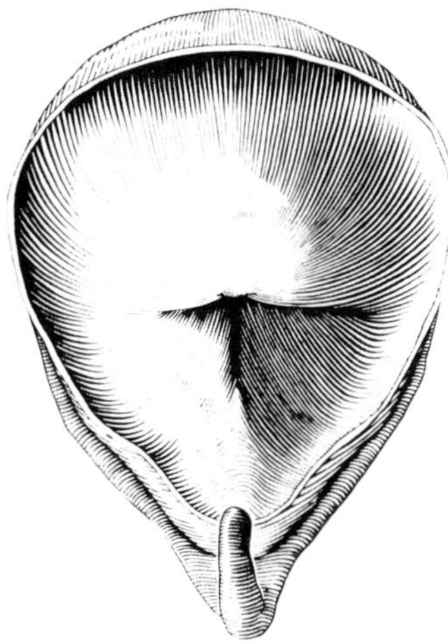

8 *0,23 mm große Anlage des menschlichen Embryos, etwa 14 Tage alt. Rückenansicht. Carnegie Coll. Nr. 10318, Original im Deutschen Museum für Medizingeschichte in Ingolstadt*

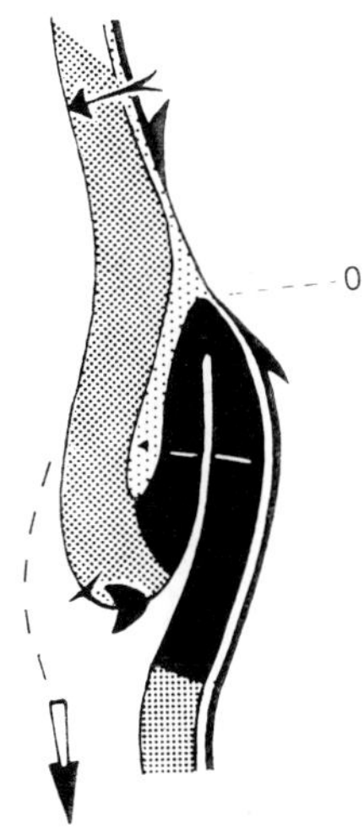

9 *Zentraler Ausschnitt aus der 0,23 mm großen Keimscheibe Abb. 8. Mediansschnitt. Bei 0 Spitze des Axialfortsatzes. Die Pfeile deuten Haltefunktionen des Entoderms bzw. Überrollungsbewegungen des Ektoderms an. Der konturierte Pfeil zeigt das Längenwachstum des Ektoderms*

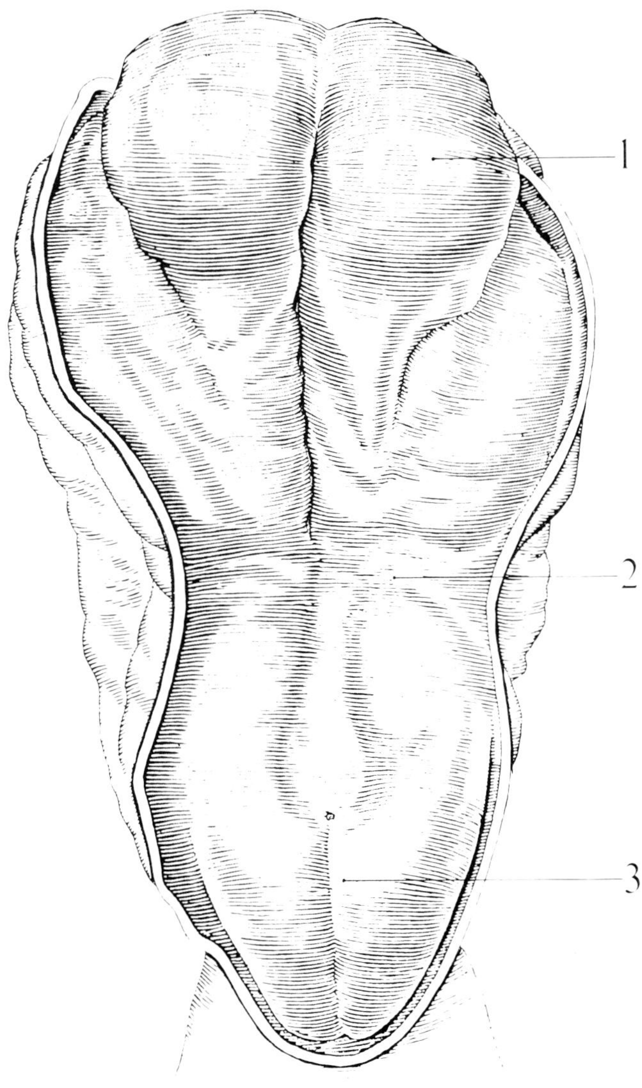

10 Embryo Ludwig, ca. 1,8 mm, ca. 21 Tage alt. Rückenansicht. Schnittserienrekonstruktion aus der Humanembryologischen Dokumentationssammlung Blechschmidt, Göttingen. 1 paarige Gehirnanlage mit Neuralrinne, 2 Halsregion, 3 Rumpfregion

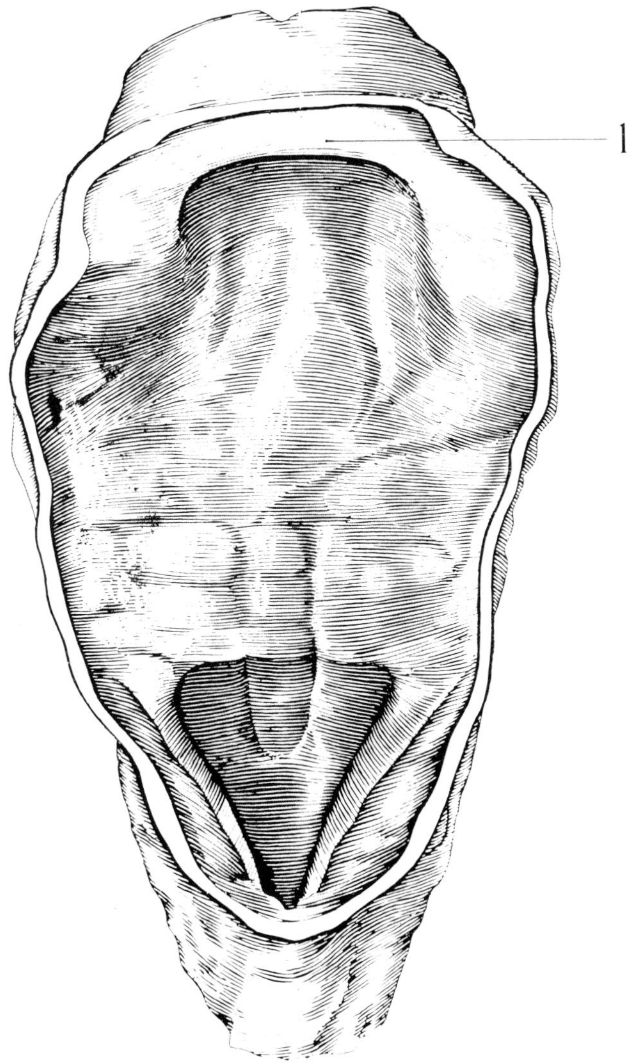

11 *Embryo Ludwig, Ventralansicht. 1 Brustregion (oberer Nabelrand) mit Eingang in den Kopfdarm. Im oberen Nabelrand liegt die Leibeshöhle mit der Herzanlage*

bil, als daß man komplizierte Strukturen korrekt im System des ganzen Organismus hätte sichtbar machen können.

Der Stadienvergleich mit Hilfe von Totalrekonstruktionen erlaubt den Nachweis von Entwicklungsbewegungen. Sie sind in vivo Bewegungen gegen Widerstände und bedeuten damit Arbeit im physikalischen Sinn. Die Tatsache von Entwicklungsbewegungen vermittelt so den Nachweis früher Leistungen, die sonst beim Menschen kaum bestimmt werden könnten (Abb. 12).

Die heute lückenlos gefundenen Stadien der menschlichen Ontogenese haben unmißverständlich und für jedermann verpflichtend ergeben, daß menschliche Eigenart schon mit der befruchteten Eizelle existiert.

Hier muß im Zusammenhang mit dem sogenannten Biogenetischen Grundgesetz auf den in der Vergleichenden Anatomie gebräuchlichen Homologiebegriff eingegangen werden. Organe wären dann in einem wissenschaftlich verbindlichen Sinn homolog zu nennen, wenn es gelänge, zu jedem Organ eines Lebewesens eindeutig ein jeweils entsprechendes Organ eines anderen zu finden, wenn also ein Herz des einen Organismus wirklich genau dem Herzen eines anderen, oder zum Beispiel der Bandapparat einer Extremität dem einer anderen genau bestimmbar entspräche. Tatsächlich korrespondiert aber kein Organ eines Lebewesens genau und eindeutig mit einem Organ eines anderen.

Im konkreten Fall stützen sich die Vergleichende Anatomie und auch die Entwicklungsbiologie bei ihren Aussagen über das So-Sein des Menschen auf die angebliche Homologie von Organen in der Meinung, vor allem vorübergehende Bildungen im menschlichen Körperbau anders nicht erklären zu können.

Gewiß ist es legitim, Ähnlichkeiten festzustellen, aber die Kenntnis dieser Ähnlichkeiten erweitert nicht die Einsicht in die tatsächliche Ontogenese auch nur eines einzigen Organs (Abb. 13). Vielmehr liegt es nach den Beobachtungen nahe, zu fragen, ob der Homologiebegriff überhaupt in der exakten Naturwissenschaft sinnvoll angewandt werden kann.

Als Beispiel für die vermeintliche Berechtigung ihres Vorgehens füh-

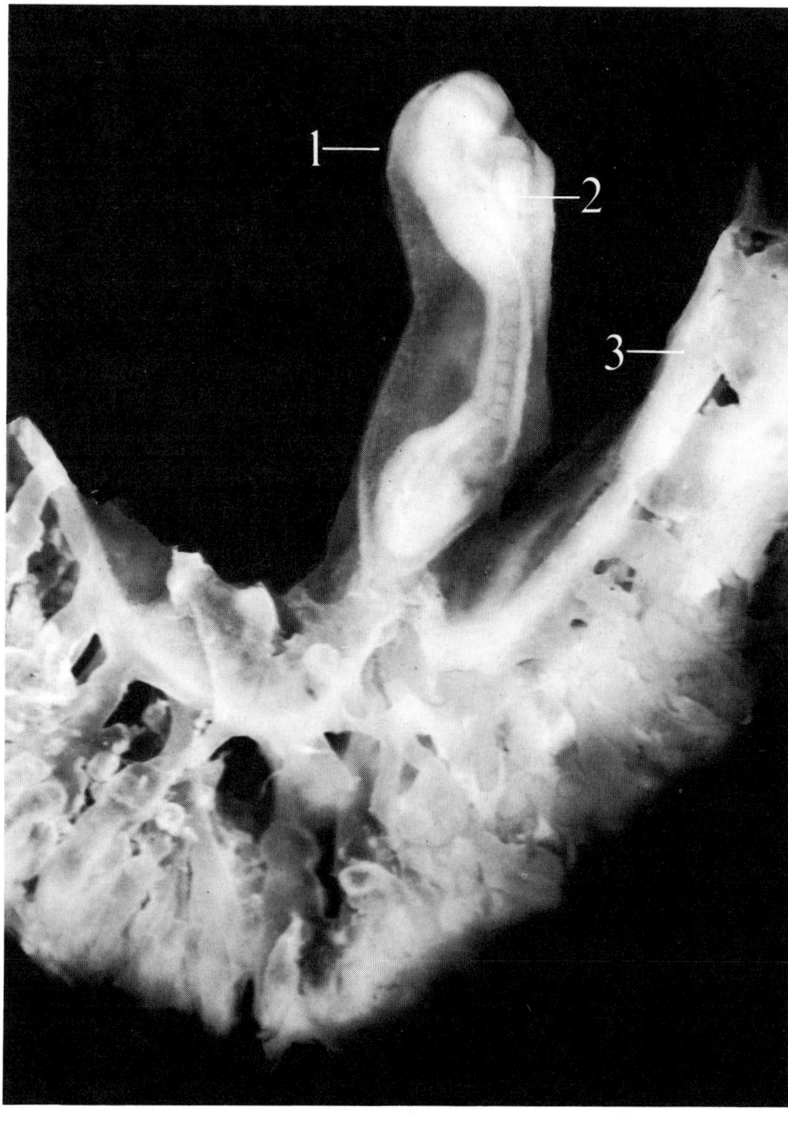

12 Embryo Blechschmidt, ca. 3,1 mm, ca. 24 Tage. 1 Amnion, 2 Herz, 3 Basis des Chorion

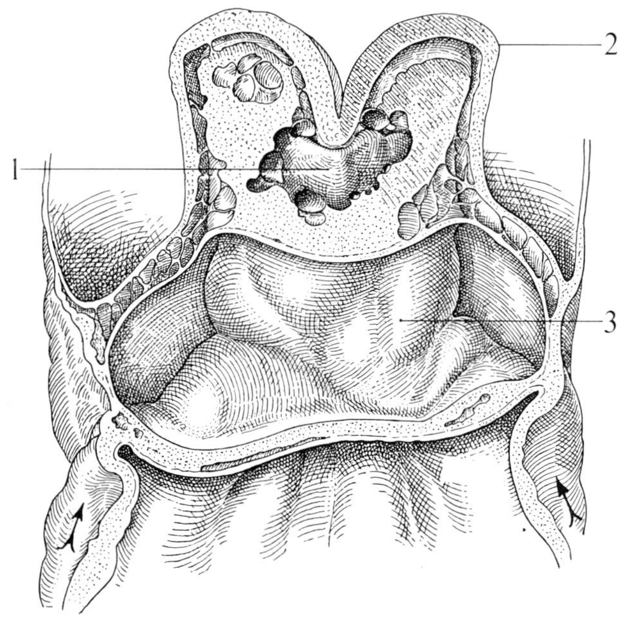

13 Brustregion mit Herzanlage eines ca. 2 mm großen Embryos, 3. Woche. 1 Mundanlage, 2 Gehirn, 3 Herz. Die Pfeile zeigen den Zustrom des Blutes zum Herzen

ren Evolutionsbiologen zum Beispiel einen Dombau an, der im 13. Jahrhundert vollendet wurde und bisweilen noch Bausteine aus einer romanischen Epoche besitzt. In der Tat enthält ein Dom möglicherweise die Stilelemente verschiedener Zeiten. Anders jedoch der menschliche Körper. Er entsteht nicht aus übernommenen historischen Resten durch fortwährendes Aufstocken, sondern aus einem menschlichen Ei durch Wachstum und stufenweise Unterteilung und Differenzierung des Ganzen. Mag eine menschliche Eizelle heute anders sein als vor Jahrtausenden, das Erbe in ihr ist im Rahmen des Ganzen immer typisch menschlich und kann nicht als Wiederholung oder Erinnerung an angenommene tierische Vorfahren gedeutet werden. Historische Relikte werden in der Ontogenese nicht gefunden. Hier besteht heute zwar noch häufig das Vorurteil, daß es solche Relikte in der menschlichen Entwicklung gäbe. Wer jedoch nach solchen Resten sucht, findet sie nicht. Wer von Homologien spricht, hat nie selbst einen menschlichen Embryo genau untersucht, was leicht verständlich ist, weil schon allein aus juristischen Gründen medizinisches Operationsgut nicht ohne weiteres aus Kliniken abgegeben werden darf. Alle Strukturen, die in der menschlichen Ontogenese entstehen, sind ontogenetisch notwendig und keine Überbleibsel aus der Vergangenheit. Organische Differenzierungen sind nie Wiederholungen, sondern jeweils immer wieder ursprüngliche Prozesse.

Während kein Historiker ein Ereignis als Wiederholung und Erinnerung früherer Geschehnisse erklären würde, soll merkwürdigerweise auf biologischem Gebiet mit Entwicklungsprozessen gerechnet werden können, die eine Wiederholung lange zurückliegender stammesgeschichtlicher Ereignisse sind. Wenn heute ein Chemiker die Vierwertigkeit von Kohlenstoffverbindungen zwingend begründen will, dann kann er zwar Kohlenstoffverbindungen der Karbonzeit mit heutigen Kohlenstoffverbindungen »homologisieren«, er kann aber diese Ähnlichkeiten (»Homologien«) nicht als Erklärungen anbieten und die im Laboratorium hergestellten Kohlenstoffverbindungen nicht als Relikte und Wiederholungen auffassen.

Eine historische Schilderung von Rostbildung im Altertum ist bei der Feststellung von heute rostenden Eisenstangen sicher erlaubt. Dieser

Hinweis erklärt aber nicht die Natur des Geschehens. Rost bildet sich durch Oxydation, das heißt unter bestimmten materiellen Voraussetzungen und physikalisch näher zu bestimmenden Bedingungen, also »ontogenetisch«, aber nicht deshalb, weil in der Antike Eisen gerostet ist.

Hier ist es wichtig, Illusionen in unserem Denken und unseren Begriffen zu vermeiden. Solange man die Organe nicht im Rahmen der individuellen Körperentwicklung versteht, scheinen manche vielleicht Relikte zu sein. Tatsächlich gibt es jedoch keine atavistischen Organe. Der Annahme, man dürfe homologisieren und diese Homologien als Erklärung für die Differenzierung des menschlichen Körpers verwenden, ja, man könne sogar nur und allein auf diese Weise das Warum vieler Entwicklungsvorgänge aufklären, liegt ein Mangel an Kenntnissen und ein Methodenfehler zugrunde: Homologien wären historische Fakten und als solche mit historischen Methoden zu erheben. In der Biologie ist aber eine historische Methode keine adäquate, sondern eine falsche Methode. Man kann nicht argumentieren: Der Flügel einer Fledermaus ähnelt im Bau dem Vorderbein eines Insektenfressers – er muß daher aus letzterem entstanden sein, sondern es müßte heißen: Man kann daher die aufbauenden Knochen mit gleichen Namen benennen. Oder: weil Federn aus Horn und blutgefäßhaltigem Gewebe aufgebaut sind und Reptilienschuppen ebenfalls, haben sich die Federn aus Schuppen entwickelt. Vielmehr muß man sagen: Beide bestehen aus formal ähnlichem Gewebe.[4]

Das naturwissenschaftliche Problem ist nicht die historische Vorgeschichte des Menschen, sondern die heute nachweisbare Gesetzmäßigkeit seiner Differenzierung. Eine historische Betrachtung würde das Problem nur verlagern, weil sie immer nur zu dem Ergebnis kommt, schon früher habe es diese oder jene Ereignisse gegeben. Vielmehr ist zu fragen: Wie kommt ein Hund zu seiner Leber, seiner Lunge und seinen Augen? Oder wie kommt ein Fisch zu seinen Flossen, Kiemen oder Gefäßen? Die naturwissenschaftliche Frage ist: Welche Gesetzmäßigkeiten gelten für jede einzelne Differenzierung? Wie kommt es also, daß bei vielen Tieren ähnliche Organe und ähnliche Organfunktionen wie beim Menschen gefunden werden, obwohl jedes Lebewesen unwiederholbare Eigenart hat? Hier gilt es, die gemeinsamen Gesetze zu erkennen, nach denen die Differenzierung bei verschiedenen Spezies abläuft.

Nach dem Satz von der Erhaltung der Individualität gibt es in der Individualentwicklung des einzelnen Lebewesens nur und ausschließlich seine eigene Entwicklung. In ihr ändert sich nur das Erscheinungsbild. Dabei gibt es keine Wiederholung (Rekapitulation) von Wesensmerkmalen anderer Individuen. Vergleichen wir die Entwicklung eines Sperlings mit der eines Frosches oder eines Igels, so finden wir zwar Ähnlichkeiten, die aber als solche aus den Eigenschaften der befruchteten jeweils verschiedenen Eier resultieren. Ähnlichkeiten gibt es unter anderem deshalb, weil die Voraussetzungen (lebendige Eizelle) und die äußeren Bedingungen für eine Entwicklung (Stoffwechselprozesse, physikalische und chemische Gesetzmäßigkeiten) bei allen Lebewesen ähnlich sind. Ähnlichkeiten sollten daher mit der Allgemeingültigkeit von Regeln und Gesetzen der ontogenetischen Differenzierung begründet werden.

Wer sich mit Entwicklungsvorgängen am konkreten Objekt befaßt, kann ohne Schwierigkeit an den Stadienfolgen jeder Differenzierung das sogenannte Biogenetische Grundgesetz von der Rekapitulation widerlegen. Dazu hier folgendes.

Eine häufig versuchte Begründung des »Biogenetischen Grundgesetzes« ist der verbreitete Irrtum, daß der menschliche Embryo vorübergehend Kiemen entwickele. Die »Kiemen« werden sogar gewöhnlich als entscheidender Beweis für die Richtigkeit des Biogenetischen Grundgesetzes angeführt, denn – so sagt man – es entstünden nicht nur die Kiemenbögen, sondern auch die Kiemenbogengefäße usw. Das ist ein Irrtum, der auf ungenauen Beobachtungen oder sogar nur auf dem Wunsch, Kiemen zu finden, beruht.

Ein 3,4 mm großer menschlicher Embryo zeigt scheinbar vielleicht Kiemen. Aber der Schein trügt. Der Embryo hat nämlich charakteristische Faltungen zwischen seiner Stirn und dem Herzwulst. Diese Reliefbildungen sind die ersten Falten im späteren Gesichtsbereich (Abb. 14 und 15). Die Falten hängen konstruktiv mit der Wachstumskrümmung des jungen Embryo zusammen. Das versteht sich auf folgende Weise:

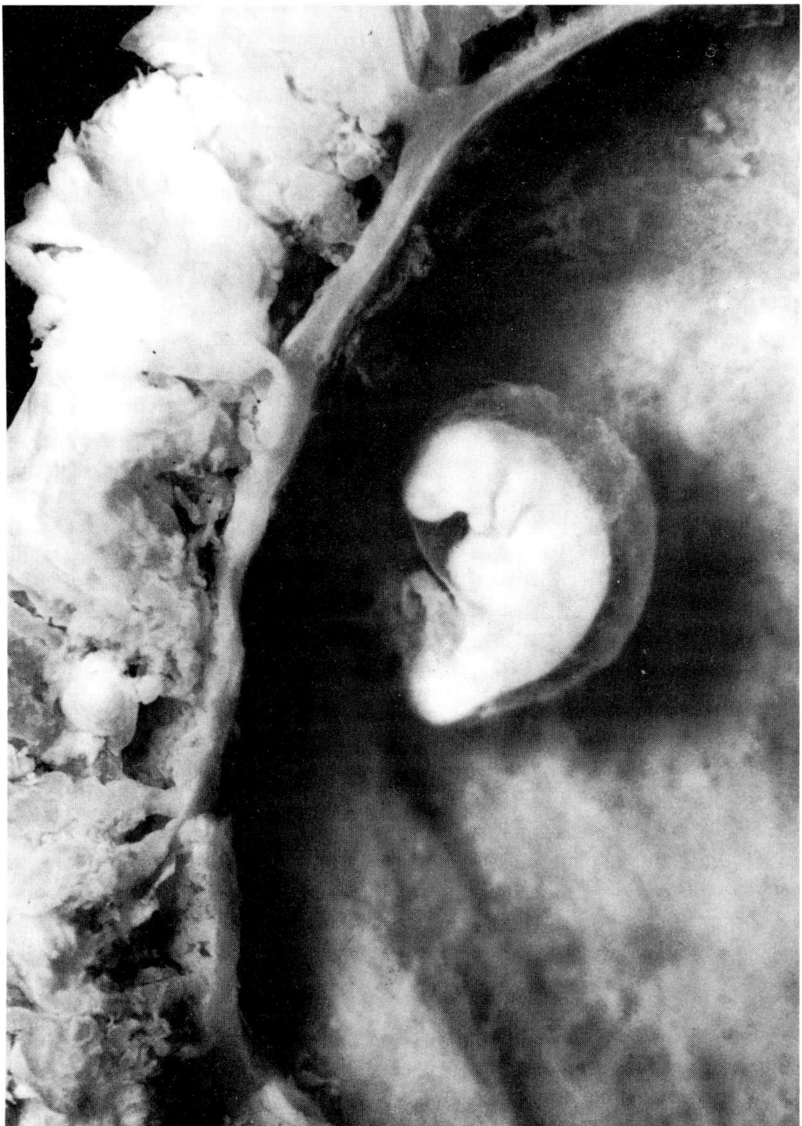

14 *Embryo Blechschmidt, 3,4 mm, 27 Tage, mit Amnion und Chorion*

Das Neuralrohr, das der hauptsächliche Nahrungsschlucker des jungen Embryo ist, wächst kräftig in die Länge (Abb. 16). Ihm gegenüber bleibt die paarige Anlage der Aorta im Längenwachstum zurück. Sie spendet dem Neuralrohr Nahrung und bleibt dabei selbst kurz. Das Kurzbleiben bedeutet einen lokalen Wachstumswiderstand gegenüber dem in die Länge wachsenden Neuralrohr. Der so entstandene Wachstumswiderstand der Aorten führt dazu, daß das Neuralrohr sich an seinem freibeweglichen Ende (im Kopfgebiet) über den Herzwulst krümmt. Mit dieser Krümmung entstehen Beugefalten, vergleichbar mit den Beugefalten der Finger. Die Beugefalten bilden Bögen, die das Kopfdarmlumen ventral umgreifen. Der erste Visceralbogen ist der Unterkieferbogen, der zweite der sogenannte Unterzungenbogen, der 3. und 4. sind die Kehlkopfbögen (Abb. 15).

Mit der zunehmenden Krümmung des Embryo in der Kopf-Hals-Region werden die Visceralbögen mehr und mehr circulär vergrößert und ihr Gewebe im Inneren dadurch gestrafft. Das so ausgerichtete Gewebe wird zur Leitstruktur für Gefäße, die zwischen der kurzen ventralen Aorta (dem Ausflußstück des Herzens) und der paarigen dorsalen Aorta Kurzschlüsse (Anastomosen) bilden (Abb. 16). Aus diesen Gefäßen entnimmt das Gehirn seinen intensiven Nahrungsbedarf. Die zunächst mikroskopisch kleinen Visceralbogengefäße sind also hämodynamisch ausgezeichnete Kurzschlüsse im Strömungsgefälle des Stoffwechsels, nicht aber rekapitulierte Merkmale von Fischen. Sie sind nach Lage, äußerer Form und innerer Struktur in jeder Entwicklungsphase als konstruktive Bestandteile des menschlichen Embryo humanspezifische Bildungen. Zwischen den einzelnen aufeinanderfolgenden Visceralbögen bleibt die Körperwand dünn. Die dünnen Zonen liegen von außen gesehen am Grunde von Kerben, von innen gesehen am Rand von Taschen des Schlunddarms. Hier kann die Körperwand so dünn werden, daß sie reißt, und zwar regelmäßig dann, wenn die Epithelien so eng aneinandergepreßt werden, daß ernährendes Binnengewebe zwischen ihnen keinen Platz findet. Die Ernährung wird hier dann in wenigen Stunden so schwach, daß Zellen zugrunde gehen und Defekte in der Körperwand entstehen. Etwaige Spalten in der Körperwand, die man irrtümlich als rudimentäre Kiemenspalten aufgefaßt hat,

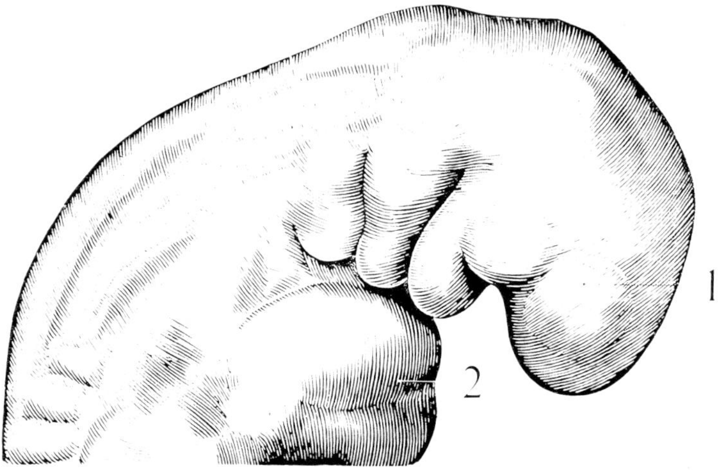

15 *Embryo Blechschmidt, 3,4 mm, 27 Tage. Teil einer Schnittserienrekonstruktion. Von rechts nach links: 1 Auge, Oberkiefer, Unterkiefer, Unterzungenbogen, Kehlkopfbogen. Darunter 2 Herzwulst*

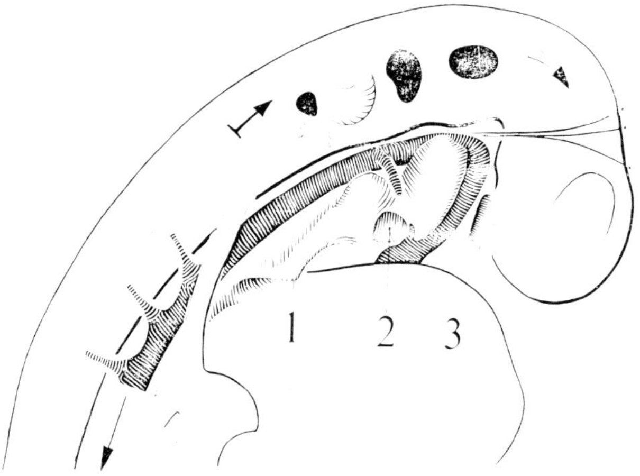

16 *Erläuterung zu Abb. 15. Pfeil mit Querstrich: Wachstumsrichtung des Neuralrohrs. Konturierter Pfeil: Wachstumskrümmung des Neuralrohrs. Einfacher Pfeil: Haltefunktion der Aorta. 1 Thymus, 2 Schilddrüse, 3 Mundeingang bzw. Herzwulst*

entstehen hier in Corrosionsfeldern, sind aber kein Zeichen einer unbewältigten Vergangenheit. Derartige Defekte sind Grenzfälle des Normalen, sekundäre Zerreißungen, aber keine primär offenen Stellen der Körperwand, die sich nicht geschlossen hätten. Sie können uns zwar unter anderem an »Spritzlöcher von Walen« erinnern, sind aber dennoch keine Überbleibsel aus der Vergangenheit, wie Lorenz meint.[5] Vielmehr sind sie gelegentliche Begleiterscheinungen der Ontogenese.

Der Einwand, es seien eben »menschentypische« Kiemen oder Flossen, die als zwar charakteristische menschliche Gebilde dennoch mit früheren phylogenetischen Prozessen im Zusammenhang stünden, ist abwegig. Denn »menschentypische« Kiemen oder Flossen gibt es nicht. Kiemen und Flossen sind niemals menschliche Differenzierungen, sondern nach dem Prinzip von der Erhaltung der Individualität fisch-spezifisch. Jeder Differenzierungsschritt beim Menschen ist eine notwendige Folge vorangegangener menschlicher Entwicklungsstadien und muß als solcher beschrieben und erklärt werden. Tierspezifische Bildungen während der menschlichen Entwicklung würden besagen, daß beim Menschen wesenstypische Merkmale anderer Spezies vorkämen und daß ein Mensch als Ganzes oder in einigen seiner »Teile« nicht menschlich sei. Dies widerspricht dem Gesetz von der Erhaltung der Individualität ebenso wie dem Prinzip von der Ganzheit des Organismus.

Das für den Menschen charakteristische intensive Wachstum des Neuralrohrs ist durch seine Gestaltungskraft bei der Ausbildung der Körperform auch für die frühen Differenzierungen am unteren Körperende maßgebend. Damit hat es unter anderem folgende Bewandtnis. Während das Neuralrohr im Kopfbereich eine relativ freie, nur durch den Widerstand einer dünnen Haut gebremste Entfaltungsmöglichkeit besitzt, ist es am unteren Körperende in einer anderen Situation. Hier ist es in seiner Entwicklung eingeengt. Schon nach Schluß des Neuralrohrs bei einem 2 mm großen Embryo ist das Zentralnervensystem im Bereich des oberen Körperendes viel stumpfer als am unteren. Die Vorwölbung am oberen Körperende hat die Bildung der Stirn zur Folge. Demgegenüber zieht sich das Neuralrohr am unteren spitzen Körperende zurück (Abb. 17). Das bedeutet einen Kollaps der Körperwand in

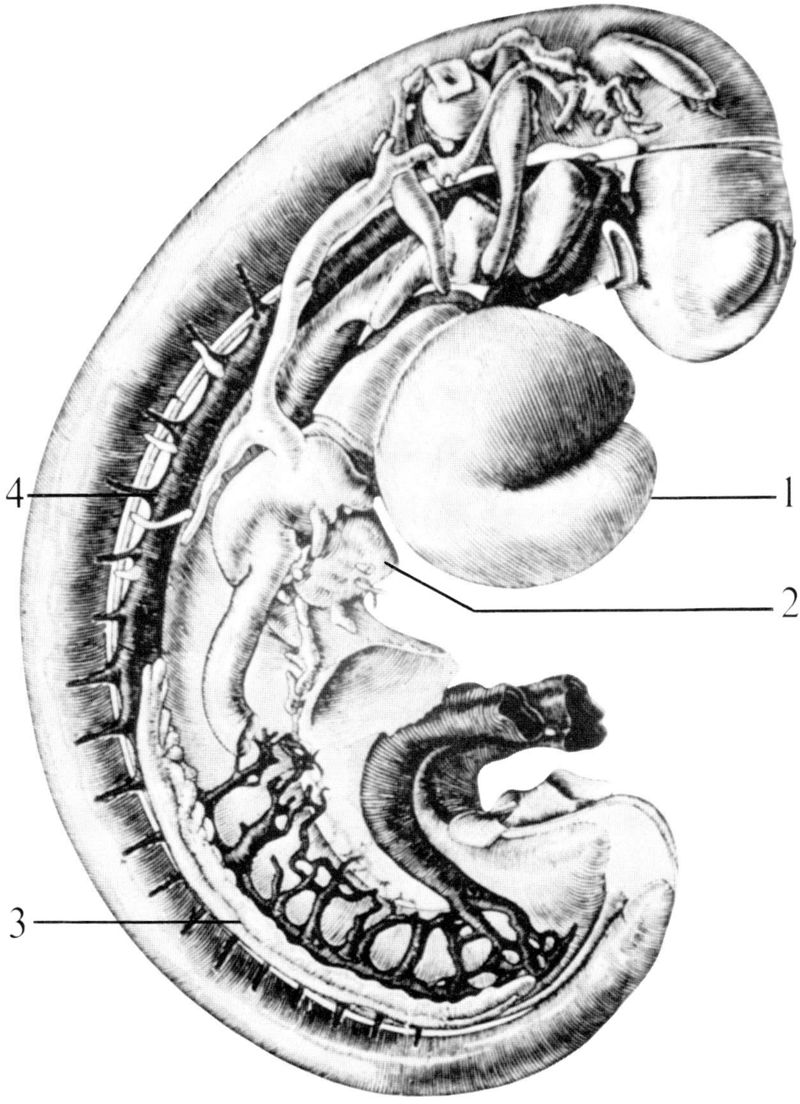

17 Schnittserienrekonstruktion des 2,57 mm großen Embryos (Blechschmidt), 26 Tage. 1 Herz, 2 Leber, 3 Urniere, 4 Aorta mit Rückenmarksästen

dieser Region. Der genannte Kollaps, der sich zwar in einer Zuspitzung des unteren Körperendes zeigt, ist aber keine Schwanzbildung. Die Schwanzbildung bei Tieren ist mit echtem appositionellem Wachstum und Skelettierung verknüpft, die Zuspitzung des unteren Körperendes beim Menschen dagegen beruht auf retardiertem Wachstum mit einem Kollaps der Körperwand. Eine Schwanzbildung wie bei Tieren gibt es beim Menschen nicht. Niemals kommen bei ihm diejenigen Proportionierungen zustande, die für schwanztragende Tiere charakteristisch sind (Abb. 18).

Das Prinzip von der Erhaltung der Individualität während der Ontogenese läßt keine Rekapitulation von Merkmalen fremder Wesensarten zu. Der Satz von der Erhaltung der Individualität korrigiert daher die Hypothese von dem vermeintlichen Biogenetischen Grundgesetz. Er beinhaltet nicht etwa eine persönliche Ansicht, sondern eine Einsicht, die für jeden verbindlich ist, der sich mit biologischen Fakten befassen will. Das Erhaltungsprinzip muß vorausgesetzt werden, wenn man die verschiedenen Erscheinungsformen aufeinander folgender Entwicklungsstadien, also die Merkmale der Entwicklung, korrekt beschreiben will. Denn sonst würde dem Entwicklungsgeschehen eines Menschen der Träger der Entwicklung fehlen.

Wir ergänzen: Der Prozeß der Differenzierung bedeutet nicht eine Entwicklung vom Niederen zum Höheren, denn die mit der Befruchtung bereits gegebene Individualität ist immer vollständig; der Mensch ist niemals nur »etwas« menschlich, sondern hat immer den Charakter einer individualspezifischen Vollkommenheit. Im Keim liegt nicht nur erst die Anbahnung einer Individualität etwa im Sinn der Möglichkeit einer allmählichen Umwandlung vom Niederen zum Höheren.

Nach Konrad Lorenz und seiner Schule soll sich auch das Verhalten des Menschen als eine Wiederholung tierischer Verhaltensweisen verstehen lassen. Lorenz spricht in diesem Zusammenhang auch von der kulturellen Entwicklung: »... ist der Mensch durch ein typisches stammesgeschichtliches Werden zu dem Kulturwesen geworden, das er heute ist. Die Umkonstruktion, die das menschliche Gehirn unter dem Selektionsdruck des Kulminierens von traditionellem Wissen erfahren hat, ist kein kultureller, sondern ein phylogenetischer Vorgang. Sie hat

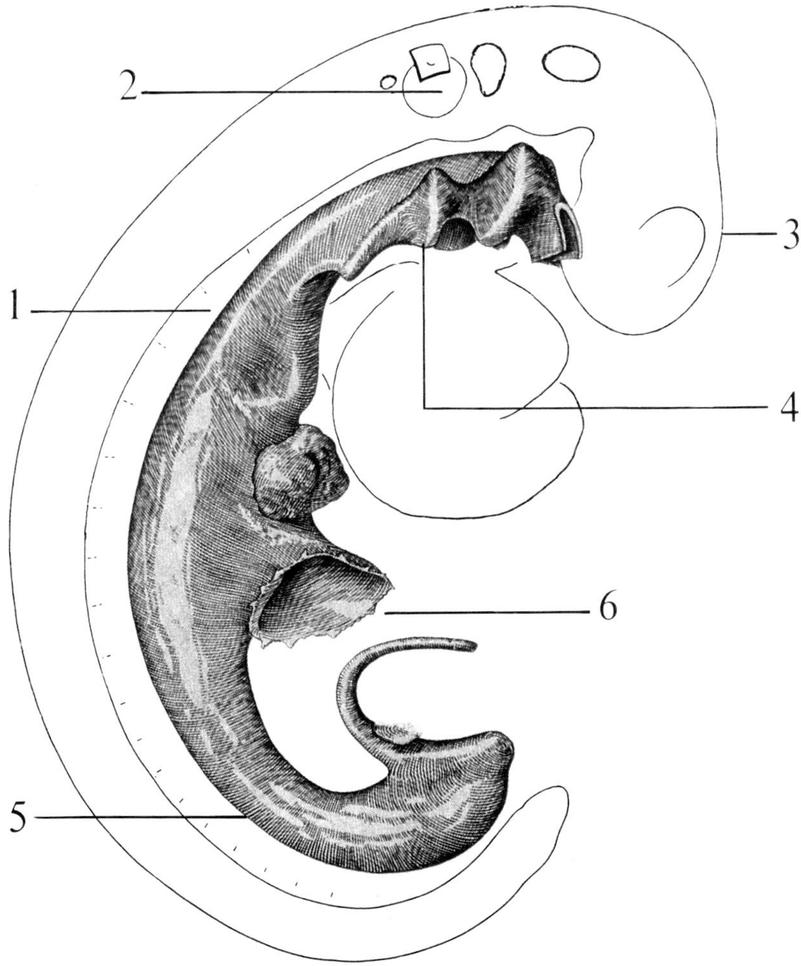

18 Schnittserienrekonstruktion des 2,57 mm großen Embryos, 26 Tage. 1 Anlage der Rückenmuskulatur, 2 Ohrblase, 3 Vorderhirn und Augenanlage des Neuralrohrs, 4 zweite Schlundtasche, 5 Entoderm, 6 Dottersackstiel

sich nach der Fulguration des begrifflichen Denkens vollzogen.«[6] Diese Behauptung, daß Denken möglich gewesen wäre, schon bevor ein hochdifferenziertes Gehirn entwickelt war, ist nicht bewiesen. Alle medizinischen Erfahrungen sprechen dagegen. Es hat sich immer wieder gezeigt, daß das Gehirn schon eine sehr komplizierte Differenzierung durch Wachstum erreicht haben muß, bevor jene Gehirnfunktionen zur Entwicklung kommen, die nachgewiesenermaßen mit geistiger Tätigkeit verbunden sind. Wir kommen darauf zurück.

Wir sehen ein biologisches Prinzip darin, daß zwar ohne Ausnahme Wachstumsvorgänge eine unabdingbare Voraussetzung für Verhaltensweisen einschließlich geistiger Tätigkeit sind. Damit ist aber nicht behauptet, geistige Tätigkeit sei nichts anderes als das Ergebnis von Wachstumsvorgängen. Vielmehr setzen wir die Geistbegabung eines Menschen als typisches Charakteristikum des Menschlichen voraus. Da menschliche Tätigkeit nicht nur ein rein individuelles Geschehen ist, sondern weit über das Individualgeschehen hinausgreifende Kontakte voraussetzt, kann geistige Tätigkeit nicht einfach als individuelles Geschehen aufgefaßt werden. Wahrscheinlich sollte man die Manifestierung geistiger Tätigkeit generell als Merkmal eines Kulturkreises oder gar der gesamten Menschheit ansehen. Daraus wird die Notwendigkeit von Verhaltensnormen deutlich. Menschliche Verhaltensweise und gesellschaftliche Normen können aber nicht naturwissenschaftlich mit »homologem« tierischem Verhalten anstatt geistig begründet werden.

Auf Grund von Fakten bestreiten wir daher das von Haeckel angenommene Biogenetische Grundgesetz prinzipiell und damit auch das heute analog formulierte sogenannte Psychogenetische Grundgesetz. Wir wiederholen noch einmal: Der Gedanke der Homologie beinhaltet die hypothetische Vorstellung, daß Merkmale verschiedener Lebewesen aufeinander zurückgeführt werden könnten. Und eben dies ist ein Irrtum. Jede Differenzierung entwickelt sich aus einer Eizelle im Rahmen von ganzheitlichen Entwicklungsprozessen, in denen jedes Organ ontogenetisch notwendig auf jedes andere bezogen und immer individualspezifisch ist.

Die frühen Gestaltungskräfte und die Differenzierung in Richtung von außen nach innen

Jeder, der zur Kenntnis zu nehmen versteht und darüber staunen kann, wie sehr geordnet und sinnvoll lebendige Strukturen aufgebaut sind, wird davon überzeugt sein, daß Lebewesen nicht nur »Zufall und Notwendigkeit« unterliegen. Die vereinfachten Vorstellungen von Zufall und Notwendigkeit sind unzureichend. Die Differenzierung wird nicht allein durch das materielle Substrat, insbesondere die genetische Substanz bestimmt, in der vermeintlich das hinreichende Steuerungsvermögen für den Ablauf der Differenzierung liegen soll. Vielmehr sind am organischen Differenzierungsgeschehen des Menschen auch geistige (extrem nuancierte) Faktoren richtunggebend beteiligt. Die materielle Seite ist nur eine von mehreren Ordnungen, in denen die Differenzierung geschieht.

Die Frage, wer oder was »macht« die Differenzierung, wer oder was »steuert« sie, kann nur so beantwortet werden, daß der Träger des Entwicklungsgeschehens das hervorbringende Prinzip der Differenzierung ist und der Prozeß der Entwicklung eine Kette von Erscheinungsbildern dessen ist, der als der Entwicklungsträger schon mit dem Beginn der Entwicklung existiert. Differenzierung ist ein Prozeß, dessen Ansatz schon der Eizelle immanent ist.

Wenn wir also nicht darum herumkommen, einen Träger für den ganzen Ablauf eines Entwicklungsprozesses anzunehmen, dann beinhaltet diese Aussage und die ihr zugrundeliegende Vorstellung, daß im Fall einer Entwicklung zwar ein gerichteter Prozeß, der gleichsam auf ein Ziel hinsteuert, in immer wieder neue Phasen übergeht, daß aber doch das Wesen, das sich entwickelt, als unteilbares Ganzes, als Individualität, durch alle seine Phasen konstant erhalten bleibt.

Als Biologen und Naturwissenschaftler sind wir veranlaßt, uns in unseren Untersuchungen auf Merkmale der Differenzierung zu beschränken und das Leben als das Wesentliche eines Lebensprozesses vorauszusetzen. Damit muß die Frage nach der Differenzierung dahingehend formuliert werden: Wer steuert *unmittelbar* die Differenzierung?

Nachdem heute die Annahme einer Rekapitulation der Phylogenese während der Ontogenese als ein Irrtum nachgewiesen ist und damit deutlich wurde, daß die phylogenetische Betrachtungsweise als historische Methode inadäquat wäre für eine morphologische Beschreibung, ist sie kein Mittel der Erklärung. Ähnliches gilt für die sogenannte genetische »Information«. Man weiß heute, daß die genetische Information auf einer kettenförmigen Anordnung von Basen beruht und als solche eine individualspezifische »Stoffwechsellage« gewährleistet, die es erlaubt, daß der menschliche Organismus immer, von Beginn seiner Entwicklung an, sich menschlich verhält. Man weiß aber auch, daß sie abgerufen werden muß, von der perigenetischen Substanz angeregt werden muß, um eine sogenannte »Information« zu geben, mit deren Hilfe Eiweißkörper aufgebaut werden können. Die Gene enthalten nicht, wie man lange Zeit vermutete, den codifizierten Bauplan des Organismus, sondern stellen nur Möglichkeiten, Materialbereitstellungen dar, deren sich der Stoffwechsel bedient, um je individualspezifische chemische Reaktionen auszuführen. Danach sind die Gene nicht die Macher der Differenzierung, sie agieren nicht von sich aus, sondern re-agieren nur. Die Gene re-agieren entsprechend ihrem Vermögen, d.h. entsprechend den Eigenschaften ihrer individualspezifischen chemischen Struktur. Bei Versuchen, die Frage nach der unmittelbaren Ursache morphologisch bestimmbarer Differenzierungen zu beantworten, haben Genetiker ebenso wie Entwicklungsphysiologen durch ihre Arbeiten mit überzeugender Deutlichkeit gezeigt, daß es keine Gestaltungsstoffe gibt. Vielmehr sind es immer Gestaltungskräfte, die unmittelbar bei den gestaltlichen Differenzierungen wirksam sind.

Es ist der Organismus selbst, das mit der Eizelle schon existierende Lebewesen, das mit Hilfe von Kräften im physikalischen Sinn – aber nicht durch sie allein – befähigt ist, jene wirkliche Arbeit gegen Widerstände hervorzubringen, die sich in der Differenzierung manifestiert. Die oft modifizierte Vorstellung von einem Homunculus, der im Zellkern säße, ist heute nicht mehr aufrechtzuerhalten. Wir sehen die Gene besser als chemische Konstanten des Stoffwechsels an und nicht als die zureichende Anlage für die Differenzierung des ganzen Organismus. Es ist wichtig zu merken, daß heute oft eine allzu schematische Auffassung von den Genen als der letzten, entscheidenden Ursache alles biologischen Geschehens und die damit zusammenhängende Illusion von der chemischen Machbarkeit des Lebens eine viel zu materialistische Denkweise weitester Kreise dokumentiert.

Die sogenannte genetische »Information« wird vielfach für so wesentlich gehalten, daß die Meinung entstehen konnte, alles lebendige Werden – sowohl des einzelnen Lebewesens als auch der Generationen – beinhalte im Grunde nichts anderes als Übertragung genetischer Information.[7] Ideologisch ist daraus gefolgert worden, der eigentliche Zweck des Menschen bestehe in nichts anderem als darin, seine genetische Information weiterzugeben. Daß bei einer solchen Grundauffassung das Gefühl der Sinnlosigkeit und Wertlosigkeit des einzelnen menschlichen Daseins entstehen kann, ist kaum verwunderlich, um so weniger, als es Autoren gibt, welche die Entwicklung prinzipiell als ein rein zufälliges Geschehen wie ein Würfelspiel darstellen[8] oder sie ausdrücklich als sinnlos bezeichnen.[9]

Ein elementarer Faktor der Differenzierung ist das Wachstum. Entwicklung besteht unter anderem darin, wachsen zu können. Wachstum ist ein äußerst komplizierter Vorgang. Er ist bei allen Lebewesen morphologisch nicht nur durch einfaches Größerwerden im Sinne einer räumlichen Ausdehnung des bereits Vorhandenen gekennzeichnet, sondern durch ein sehr eindrückliches Größerwerden mit Zunahme von Komplexität. Wachstum besteht unter anderem darin, daß mehr molekulare Teilchen in das zunächst noch winzige Ei eindringen, als umgekehrt Stoffteilchen als Stoffwechselabbauprodukte das wachsende Ei verlassen. Stoffwechsel ist ein unerläßliches Merkmal organischen Wachstums. Wenn Entwicklung in immer wieder neuen Phasen als zunehmendes Größerwerden erscheint und uns sehr wohl den Eindruck vermittelt, als erfolge diese Ent-wicklung wie eine Ausrollung, gleichsam von innen heraus, so kann uns dies doch nicht darüber täuschen, daß der Entwicklungsprozeß auch eine Richtung von außen nach innen hat, indem er der Zufuhr von Nahrung bedarf und mit wohlgeordnetem Einbau winziger neu hinzukommender Teilchen geschieht. Wissen wir doch, daß zu den meisten Wachstumsvorgängen in der freien Natur ausreichender Regen erforderlich ist, daß aus der Luft über die gasförmige Kohlensäure der Kohlenstoff zugebracht werden muß und daß vielfach durch komplizierte Wurzelsysteme gelöste Mineralien aufgenommen werden müssen. Die Aufnahme aller dieser winzigen Teilchen, die jeweils eine Richtung von außen nach innen hat, ist eine unabdingbare Voraussetzung für das Gedeihen der Pflanzen.

Die Entwicklung beim Menschen hat vieles gemeinsam mit Vorgängen in der übrigen belebten Natur. Auch sie beruht von Beginn der Befruchtung an auf geordneten Stoffwechselvorgängen. Um das Wachstum als getragen von submikroskopischen Prozessen zu kennzeichnen, können wir die Gestalt des wachsenden Organismus als ein Stoffwechselfeld beschreiben, in dem räumlich geordnete Stoffwechselbewegungen den Prozeß der Differenzierung hervorbringen. Diese Stoffwechselbewegungen werden in den verschiedenen Zellverbänden und Organen von unterschiedlichen Molekülsystemen getragen, sind aber in ihrer lokalen und zeitlichen Verschiedenheit immer gerichtet und gehören immer zu einem einheitlichen Geschehen des ganzen Körpers.

Das einheitliche Geschehen der Stoffwechselbewegungen ist charakteristisch für die Ganzheit des Organismus. Seine Individualspezifität, die wesentlicher Träger dieser Ganzheit ist, kommt auch da zum Ausdruck. Daß es im Stoffwechsel trotz der scheinbaren Verschiedenheit der Zellverbände und Organe keine scharfen Grenzen gibt, weiß jeder, der anatomisch präpariert hat. Immer wird er beim Sezieren Gewebe durchtrennen, Verbindungen lösen müssen. Wieviel fließender sind die Stoffwechselverbindungen, wenn schon die grob sichtbaren Übergänge niemals scharf sind!

Submikroskopische Stoffwechselbewegungen äußern sich mikroskopisch und makroskopisch als Entwicklungsbewegungen. Wie alle Materialbewegungen, die gegen Widerstand von Membranen, gegen

Luftdruck, hydrostatischen Druck, unter Umständen auch gegen ein erhebliches Konzentrationsgefälle ablaufen, sind sie als Entwicklungsbewegungen Bewegungen gegen Widerstand und damit echte Arbeitsleistungen sowohl im physikalischen als auch im biologischen Sinn. Hier ist der Begriff Gestaltungskraft sinnvoll, der beinhaltet, daß physikalische Kräfte, wie in der gesamten anorganischen Natur, unter der besonderen Voraussetzung lebendigen Stoffaustauschs unmittelbar den Gestaltwandel des Eis (seine Differenzierung) hervorbringen. Während der Entwicklung braucht jeder Prozeß, der sich in Gestaltung äußert, Gestaltungskräfte. Schon bei der ersten Unterteilung der Eizelle in zwei Tochterzellen, in der Phase der Furchung, treten Gestaltungskräfte auf. Die Zellgrenzmembran nimmt Substanzen auf und vergrößert dadurch ihre Oberfläche, so daß die sogenannte Furchung entsteht. Das Flächenwachstum geschieht unter anderem gegen den Widerstand des Zellplasmas, braucht also Energie. Diese wird durch Verbrennungsprozesse im Stoffwechselgeschehen gewonnen.

Ein instruktives Beispiel für die Bedeutung von Gestaltungskräften ist auch das Wachstum des Neuralrohrs. Es verlängert sich gegen den Zugwiderstand der Aorten (Abb. 16). Auch hier sind also physikalische Kräfte unter der besonderen Voraussetzung des Lebendigen beteiligt. Oder auch das Wachstum eines Knorpels in seiner Knorpelhaut. Es ist ein Prozeß, bei dem die Druckkräfte des wachsenden Knorpelskelets den Wachstumswiderstand des umliegenden Gewebes überwinden und zu dessen Straffung führen. Mit anderen Worten: Wachstum geht regelmäßig mit Gestaltungskräften einher. Jeder Einbau von Molekülen in einen Gewebsverband verlangt bereits Arbeit.

Gibt es einfache Regeln für einen geordneten Stoffwechsel? Voraussetzung für Stoffwechselbewegungen ist allemal ein Stoffwechselgefälle, das heißt eine lokal verschieden hohe Molekülkonzentration. Durch die lebendigen Prozesse, die immer mit Nahrungsverbrauch einhergehen, entsteht je nach Intensität und Art des Wachstums eine lokal verschiedene Konzentration z. B. von Sauerstoff. In den verschiedenen Stoffwechselfeldern ist die Ordnung der molekularen Bewegungen an die vorentwickelten Strukturen gebunden. Die lokal unterschiedliche Wachstumsgeschwindigkeit beruht zu einem großen Teil darauf, daß

Wachstum Flächenwachstum ist. Was wir als einen lebendigen Körper bezeichnen, ist also immer ein Flächensystem mit Reaktionen, die bevorzugt an Oberflächen gebunden sind. Je nach der verschiedenen Lage von Oberflächen (Grenzflächen) kann Assimilation und Dissimilation verschieden schnell »gesteuert« werden. Diese Unterschiede äußern sich in je verschiedener Wachstumsgeschwindigkeit und damit in unterschiedlicher Gestaltung.

Die Wachstumsvorgänge, welche die eigentliche Organogenese bestimmen, werden beim Menschen mit der Gehirnentwicklung eingeleitet. Sie beginnt schon in einem Stadium, wenn die Keimscheibe erst etwa 0,2 mm groß ist. Bereits dann hat die junge Gehirnanlage eine führende Rolle, die sie während der weiteren Differenzierung beibehält und die sich auch später immer wieder erneut als sogenannte Cerebralisation manifestiert.

Die junge Keimscheibe ist durch ein oberes (stumpfes) Ende ausgezeichnet (Abb. 8). Diese Stumpfheit – im Gegensatz zu dem haftstielnahen spitzen Ende – weist darauf hin, daß am »freien« Ende der Keimscheibe, das nicht durch den Haftstiel am Chorion fixiert ist, ein schnelleres Wachstum gegen relativ geringeren Wachstumswiderstand möglich ist als im Haftstielbereich. Am freien Ende wölbt sich das Ektoderm kuppenförmig zur frühen Gehirnanlage auf. Diese Kuppe geht mit einem scharfen Absatz in die sogenannte Impansionssenke über. Der wachsende Rand der Kuppe an ihrem Übergang in die Senke überrollt diese mehr und mehr (Abb. 8 und 9). Dabei entsteht eine fingerförmige Einstülpung, der sogenannte Axialfortsatz. Im Bereich des Axialfortsatzes findet kaum Wachstum statt. Man kann seine Spitze als Zentrum, gleichsam als den Nullpunkt der Entwicklungsbewegungen der ganzen Keimscheibe bezeichnen. Spemann hat den Entstehungsort des Axialfortsatzes als das »Organisationszentrum« beschrieben. Seine Schüler haben nach einem Organisator gesucht und gehofft, einen chemischen Stoff als Induktor zu finden. Daß diese Suche vergeblich sein mußte, hat sich erst gezeigt, als klar wurde, daß es keine Gestaltungsstoffe, sondern unmittelbar nur Gestaltungskräfte gibt.

Durch seinen Wachstumswiderstand »steuert« der Axialfortsatz das Wachstum in der Umgebung. Beidseits von ihm wölben sich die Neuralwülste kammförmig hoch, so daß zwischen ihnen die sogenannte Neuralrinne entsteht (Abb. 10). Sie ist ein Symptom des geringen Wachstums im Bereich des Axialfortsatzes. An der jungen Gehirnanlage können bereits bei 1,8 mm großen Embryonen ein Vorderhirn-, ein Mittelhirn- und ein Hinterhirnabschnitt unterschieden werden. Die Neuralrinne beginnt bei etwa 2 mm großen Embryonen sich zum Neuralrohr zu schließen. Am freien Ende des jungen Embryos, in seinem Kopfbereich, ist das Neuralrohr nach wie vor besonders mächtig, während es in Richtung zum unteren Körperende hin an Umfang abnimmt, sich zuspitzt.

In der Wand des frühen Gehirns ist die Zellvermehrung intensiv. Sie geht mit einem ausgiebigen Nahrungsverbrauch einher. Dadurch entsteht ein Stoffwechselgefälle. Es kommt zu einem Strom von flüssiger Interzellularsubstanz mit Nahrungsstoffen aus dem Haftstielbereich beidseits entlang dem Nabelrand in Richtung zum Gehirn (Abb. 11). Der Nahrungstransport wird hier zunächst in interzellularen Gewebsspalten geführt, bis diese sich nach einigen Tagen zu Gefäßen differenzieren. Die zuführenden Gefäßanlagen konfluieren im oberen Nabelrand in einem kurzen Sammelrohr unmittelbar unter dem Gehirn, der Herzanlage (Abb. 12). Die Herzanlage ist zunächst eine Interzellularsubstanz sammelnde Gewebsfalte. Ab der 4. Woche führt die Interzellularsubstanz Blutzellen. Das Blut wird vom Herzen aus beidseits der Mundspalte zum Gehirn geleitet und strömt dann vom Kopfbereich aus über die beiden Aortenanlagen seitlich des Neuralrohrs zum Haftstiel zurück.

Die Herzanlage steht so in unmittelbarem Dienst der Gehirnentwicklung. Hier zeigt sich, daß der Körper während seiner Differenzierung das Prinzip der Über- und Unterordnung, also der Ungleichheit, benutzt. Je mächtiger das Herz heranwächst, desto mehr führt es, bereits seit der vierten Entwicklungswoche auch zu rhythmischer Tätigkeit befähigt, »Blut« in erster Linie der Gehirnanlage zu. Mit dem intensiven Gehirnwachstum wächst auch das Herz. Das bereits strömende Blut dehnt die Herzwand: Es entsteht ein Dehnungsfeld, in welchem sich die Zellen zu Muskelzellen dilatieren.

Mit seiner Entwicklung unterhalb des Gehirns differenziert sich das

Herz als Strömungszentrum des jungen Organismus. So stellt es sich schon vor Beginn der pulsatorischen Herztätigkeit im haemodynamischen Mittelpunkt des Kreislaufs ein. Der hydrostatische Widerstand der Gehirngefäße scheint dem Gefäßwiderstand in der unteren Körperhälfte zu entsprechen. Mit seinem späteren Absinken aus dem Halsgebiet in den Brustkorb wird die »zentrale« Lage des Herzens relativ zu seinem Versorgungsgebiet nicht aufgehoben.

Sobald das Herz intensiv wächst, entsteht an der Wurzel des Herzens, in einem entwicklungsdynamisch ausgezeichneten Feld, die Leber. Sie entwickelt sich im Dienst des Herzens. Denn hier konzentrieren sich die aus dem Haftstiel und aus dem Dottersack zufließenden Nahrungsstoffe und gelangen von hier durch Vermittlung des Herzens zum Gehirn (Abb. 17).

Nicht nur das Gehirn, sondern auch das wachsende Rückenmark schlucken relativ viel Nahrung. Hier findet man daher in regelmäßigen Abständen nacheinander (metamer) zahlreiche Äste der jungen Aorten entstehen und eine dichte Gefäßversorgung bilden (Abb. 17 und 20). Die Gefäße versorgen das Neuralrohr mit Nahrung, bleiben dabei aber selbst entlang dem strömenden Blut im Wachstum zurück. So üben sie einen Wachstumswiderstand gegenüber dem Neuralrohr aus. Die Folge ist, daß je am Ort des Angreifens der Aortenäste am Neuralrohr Rückenmarksnerven auswachsen, gleichsam »herausgezogen« werden. Die Zahl der Rückenmarksnerven entspricht genau der Zahl der Aortenäste. Erst wenn diese sich gebildet haben, entstehen die Nerven (Abb. 20). Ihre Entstehung ist also konstruktiv folgerichtig: dasselbe gilt für die ersten Muskeln, die Anlage der Rückenmuskulatur. Die genannten Aortenäste unterteilen das Gewebe der ihnen anliegenden Körperwand in einzelne Segmente (Abb. 18). Mit dem Längenwachstum des Neuralrohrs wird der Abstand zwischen den Gefäßen größer, und das segmentierte Gewebe zwischen ihnen, das Kontakt mit den Gefäßwänden hat, wird gedehnt. Gedehntes Gewebe differenziert sich, wie man weiß, überall im Körper nach allgemeinen ontogenetischen Regeln zu Muskelzellen. Die Blutgefäße sind also durch ihre Wachstumskräfte an der Gestaltung des Organismus beteiligt. Die Beteiligung an der Gestaltung durch Wachstumskräfte gilt für alle Zellverbände in je ver-

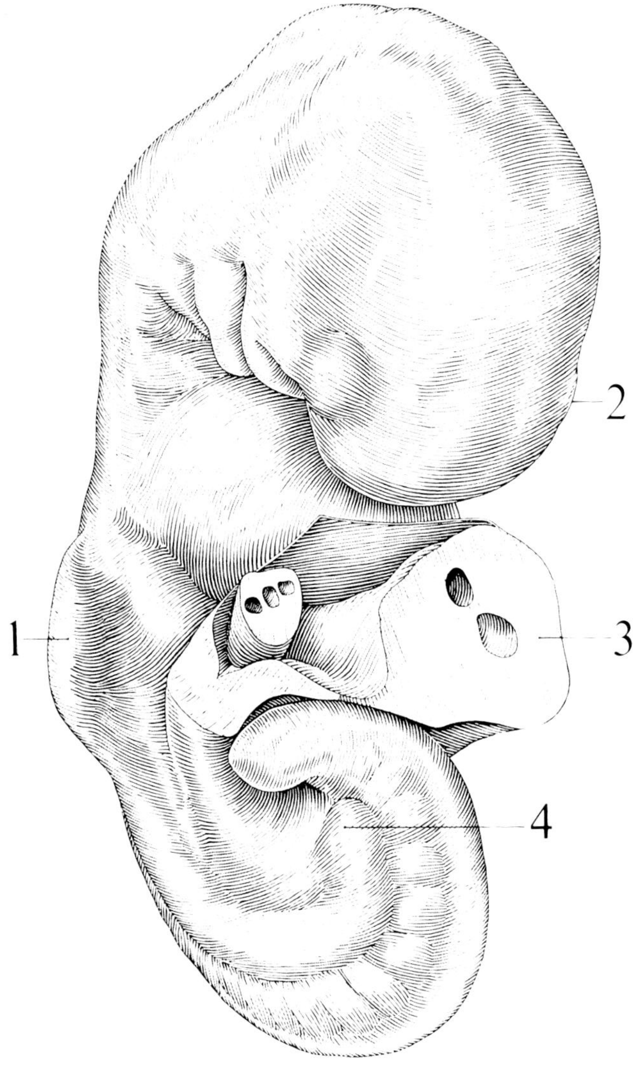

19 Embryo Blechschmidt, 4,2 mm, 28 Tage. Dottersack und Haftstiel (3) abgetrennt. 1 Armanlage, 2 Auge, 4 Beinanlage. Über dem Herzwulst deutliche Beugefalten (Visceralbögen)

schiedener Weise. Sie alle funktionieren nämlich entsprechend den Eigenschaften, die sie jeweils in einem bestimmten Entwicklungsstadium besitzen.

Während bisher die Gepflogenheit galt, die frühe Entwicklung des Menschen in den ganzen beiden ersten Monaten phylogenetisch zu deuten, indem gleichnamige Organe je nach ihrer Ähnlichkeit auseinander erklärt wurden, also Herzen aus Herzen, Skeletteile aus Skeletteilen oder Sinnesorgane aus Sinnesorganen, gab das gesammelte eigene Befundmaterial mehr und mehr Anlaß, die verschiedenen Organe, die aus ein und derselben Eizelle stammen, miteinander zu vergleichen (Regionaler Vergleich). Auf diese Weise findet man Prinzipien, die es erlauben, Regeln der Differenzierung zu formulieren.

Eine entscheidende und prinzipiell wichtige Regel ist die, nach welcher die Richtung der Differenzierung jeweils von außen nach innen zeigt. Das Prinzip der gerichteten Differenzierung deckt sich mit der Behauptung, daß nicht – wie oben bereits deutlich wurde – die genetische Information im Zellkern von sich aus die Differenzierung macht, sondern daß Kräfte und Entwicklungsreize vor allem in der extragenetischen Substanz außerhalb des Kerns die einzelnen Differenzierungsschritte veranlassen.

Vergleicht man verschiedene Entwicklungsstadien besonders in den frühen Phasen miteinander, so findet man regelmäßig flächenhafte Vorgänge außen entlang einer freien Oberfläche. Ihre Wirkung schreitet von da aus allmählich nach innen fort. Ein Musterbeispiel für Flächenwachstum und gerichtete Differenzierung von außen nach innen ist die Extremitätenentwicklung. Am Ort ihrer Entstehung bildet das Ektoderm der Körperwand eine sogenannte Extremitätenfalte (Abb. 19). Sie ist Folge eines relativ intensiven Flächenwachstums, das dazu führt, daß mit der Zellvermehrung die Oberfläche zu groß wird gegenüber der Unterlage und sich so als Falte hochstülpt. Die epithelialen Zellen an der Oberfläche besitzen wegen ihrer Lage eine zum Fruchtwasser hin freie Oberfläche, an der sie leicht Abbauprodukte abzugeben vermögen. Den untenliegenden Zellen gelingt dies nicht so leicht. Die Abbauprodukte werden hier als osmolare Interzellularsubstanz gestaut. Auf gleichem Raum liegen im Binnengewebe deswegen

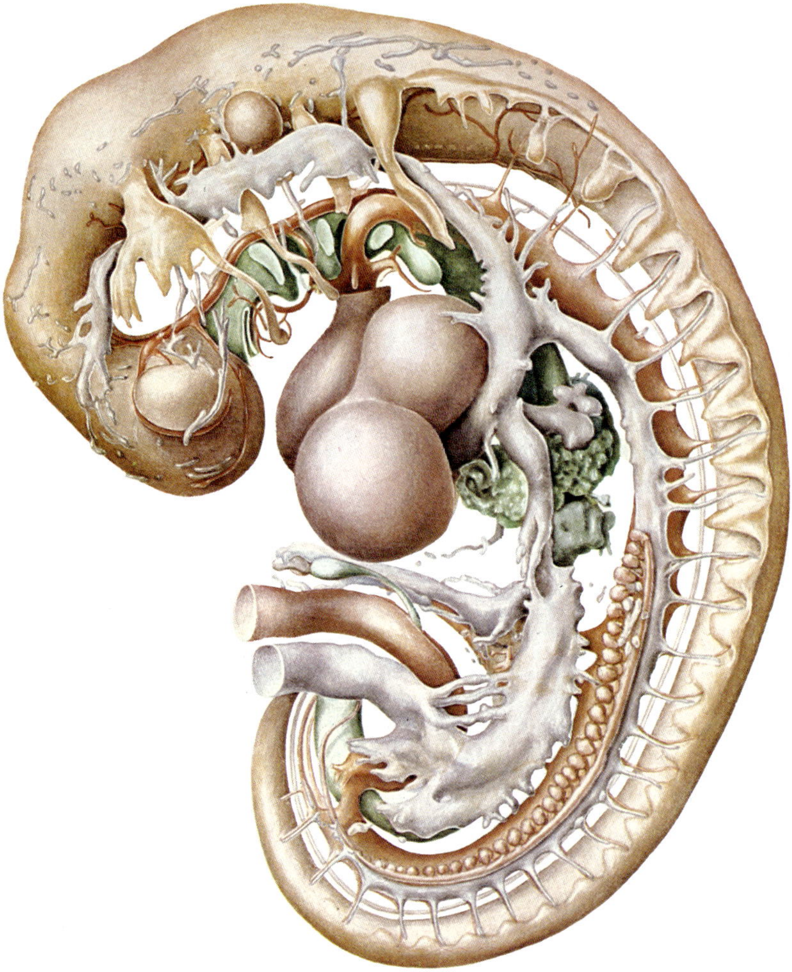

20 *Der 4,2-mm-Embryo (28 Tage) zeigt die Vielzahl der inneren Organe, die bereits am Ende des 1. Monats sichtbar sind. (Schnittserienrekonstruktion). Neuralrohr mit Anlage der Hirn- und Rükkenmarksnerven gelb, Arterien rot, Venen blau, Herz braun, Leber und Entoderm des Darms grün. In der unteren Hälfte des Rumpfs Urniere mit Wolffschem Gang und perlenförmigen Urnierenbläschen*

weniger (fermentreiche) Zellen als in der Oberhaut, die fast keine Zwischenzellsubstanz zwischen den Zellen besitzt und daher viel intensiver als das Binnengewebe wächst.

Mit dem Flächenwachstum nimmt die Oberfläche der Extremitätenanlage zu. Die Volumenzunahme bleibt dagegen zunächst gering. Die Falte wird flach und dünn, es entsteht die abgeplattete Extremitätenanlage, nicht in Erinnerung an die Flossen von Fischen, sondern konstruktiv folgerichtig (Abb. 21). Mit ihrem weiteren Wachstum zieht sie flüssigkeitsreiches Binnengewebe aus der Rumpfwand nach, so daß eine Extremitätenanlage zu Beginn der fünften Woche aus Oberhaut und Binnengewebe besteht. Dann wachsen Blutgefäße ein, denn mit dem intensiven Flächenwachstum der Oberhaut entsteht ein Stoffwechselgefälle, das die Blutgefäße zum Sprossen veranlaßt. Die erste Entwicklungsarbeit bei der Differenzierung der Extremitäten wird also vom Ektoderm geleistet. Das dichte Gefäßnetz, das sich entlang der Oberhaut entwickelt, steht im Dienst des Ektoderms und beweist die Wachstumsarbeit der Oberflächenschicht (Abb. 22). Das Gefäßnetz hat zwei Seiten, eine, die dem Ektoderm zugekehrt ist und den Zellen Nahrung zur intensiven Zellvermehrung liefert, und eine, die der Aufnahme von Abbauprodukten dient, die in der Tiefe des Binnengewebes beim Stoffwechselgeschehen entstehen und von hier aus entsprechend der osmotischen Saugkraft des Blutes in das Gefäßnetz gelangen. Nahrungsabgabe einerseits und Aufnahme von Abbaustoffen andererseits kennzeichnen die räumlich geordneten Stoffwechselbewegungen im Stoffwechselfeld der jungen Extremitätenanlagen.

Der Wasserentzug aus dem Inneren der zunächst häutigen Gliedmaßenanlage führt hier zu einer engen Aneinanderlagerung (Verdichtung) der Zellen. Dieses Verdichtungsfeld ist die Anlage des Extremitätenskelets (Abb. 22). Jeglicher Knorpel entsteht in einem derartigen Stoffwechselfeld, in dem durch Wasserentzug und Wachstumshemmung eine Zellverdichtung auftritt. Diese frühen Zellverdichtungen nennen wir Vorknorpel. Der Vorknorpel geht allmählich in Knorpel über, sobald die Zwischenzellsubstanz durch Entwässerung mehr und mehr verfestigt und dadurch weniger durchlässig wird. Die relativ schlecht ernährten Vorknorpelzellen in der Tiefe sind nicht in der Lage,

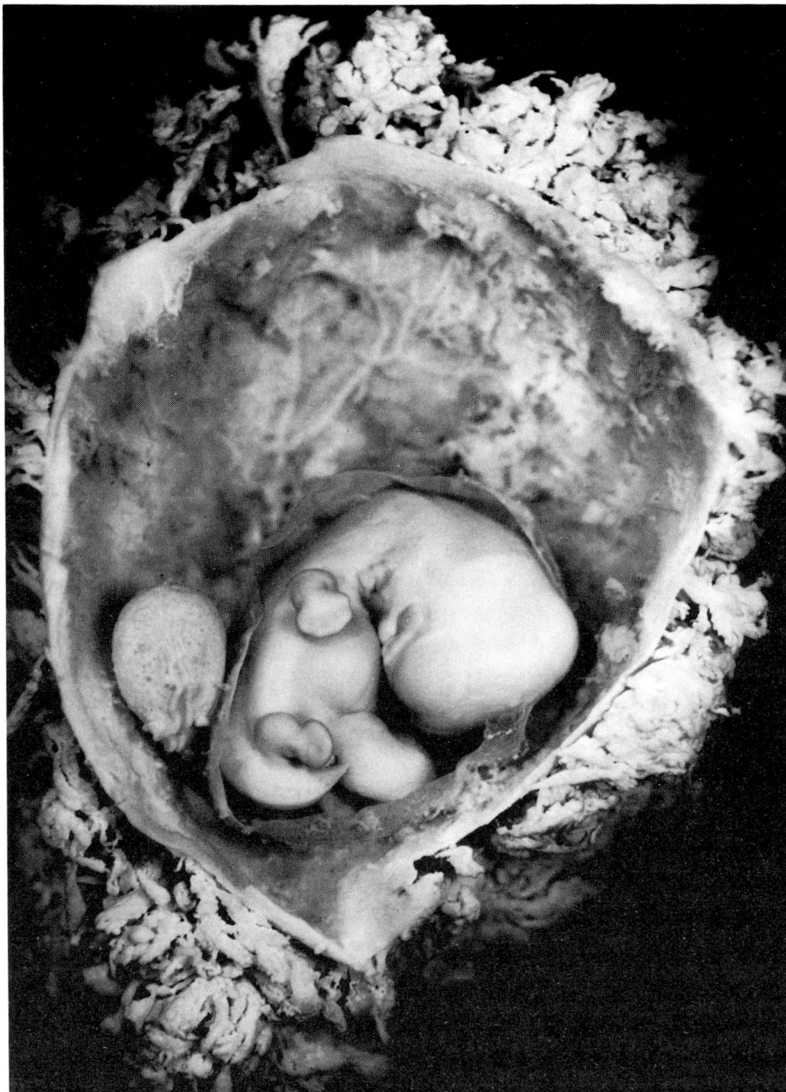

21 12 mm großer Embryo, 6. Woche, mit Amnion, Dottersack und Chorion (Orig.)

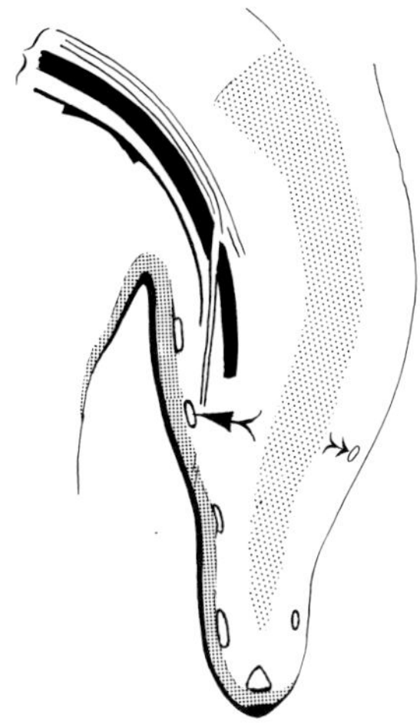

22 *Armanlage eines 14 mm großen Embryos, 6. Woche. Ringe: Gefäßnetz der Haut. Die Pfeile bedeuten Wasserentzug aus dem Inneren. Locker punktiert: Verdichtungsfeld (vorknorpliges Armskelet). Dicht punktiert: dicke Lederhaut. Klammer: Leitungsbahnen mit Haltefunktion des Gefäßbetts*

sofort ihre Abbauprodukte abzugeben, sondern stauen sie im Inneren der Zellen. Der dabei erhöhte osmotische Druck der Knorpelzellen ist gemessen.

Mit der Stauung von Stoffwechselprodukten in ihrem Inneren quellen die jungen Skeletzellen und werden blasig. Mit ihrem Quellungswachstum üben sie ein Stemmkörperwachstum in bevorzugter Richtung aus. Im Hinblick auf diese Stemmkörperfunktion stellt das knorplige Skelet den ersten aktiven Bewegungsapparat dar. So wird in deutlicher Abhängigkeit von der Peripherie durch die Gestaltungsarbeit der Oberhaut wie durch eine Matrize das Skelet im Inneren geformt (Abb. 23).

Mit der Verlängerung des Knorpelskelets entstehen in seiner Umgebung Dehnungsfelder. In ihnen werden die Zellen im Zusammenhang mit dem Längenwachstum des Skelets gedehnt. Derartige gedehnte Zellen differenzieren sich zu Muskelzellen. Je nach der lokalen räumlichen Gegebenheit zwischen Skelet und Haut entstehen dickbäuchige oder schlankere Muskeln. Humanembryologisch ist es keine Schwierigkeit, die Muskulatur als Konsequenz aus der Entwicklung des Knorpelskelets »abzuleiten« (Abb. 24 und 25). Weil – wie beschrieben wurde – die Differenzierung im Inneren der Extremitäten eine Folge des Wachstums der äußeren Oberfläche ist, ist die Vorknorpelentwicklung, wie zum Beispiel die Anlage des Armskelets, phaenogenetisch immer von der Haut bestimmt. Unter der häutigen Anlage eines Oberarms wird immer ein Oberarmskelet, unter der häutigen Anlage eines Unterarms darum immer eine Elle und eine Speiche und entsprechende Unterarmmuskulatur angelegt. Nie findet man im Unterarm ein Handskelet oder im Oberschenkel Unterarmmuskeln, obwohl die genetische Anlage (die DNS) in allen Zellen gleich ist.

Das junge Skelet erscheint so als Folge einer Differenzierung mit Richtung von außen nach innen. Es hat von vornherein relativ viel statische Eigenschaften. Schon das Entstehen des Skelets hat also bereits Skeletfunktion, und zwar beim Menschen eine typisch menschliche.

Das Prinzip der Differenzierungsrichtung von außen nach innen erlaubt dem Organismus, oberflächlich, wo viel Platz ist, ausgiebige Zellvermehrung in Form von Flächenwachstum, während die Zellen im Inneren weniger Bewegungsfreiheit haben. Das Wort Entwicklung weist nicht auf diese elementare Differenzierungsrichtung hin. Es impliziert vielmehr die Vorstellung einer Ausrollung, eines Sichöffnens und vernachlässigt den entscheidenden Prozeß einer Verinnerlichung von Prozessen, die oberflächlich beginnen und sich regelmäßig weiter in das Innere fortsetzen.

Wie wir gesehen haben, ist offenbar eine entscheidende Voraussetzung für die Entwicklung der menschlichen Extremitäten die Lage des ursprünglichen Entwicklungsareals. Von der Lage des jeweiligen Stoffwechselfeldes ist seine Form abhängig und von dieser seine Struktur. Das gilt für alle Organe. Man darf formulieren: Die (innere) Struktur

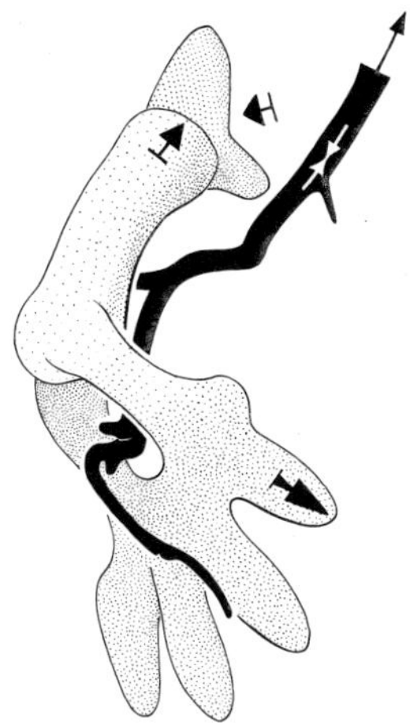

23 Armskelet eines 10 mm großen Embryos. Pfeile mit Querstrich: Stemmkörperfunktion des Knorpels. Konvergente Doppelpfeile: Haltefunktion der Arterien

eines Organs ist eine Funktion seiner (äußeren) Form, und seine Form ist eine Funktion seiner Lage. Die räumlichen Beziehungen zur Peripherie (zur näheren und weiteren Umgebung) und die lokale Abgrenzung des örtlichen Entwicklungsbereichs (Stoffwechselfeldes) in einer mehr und mehr prägnanten Form sowie die Differenzierung im Inneren sind also zusammengehörige Merkmale einer organischen Differenzierung. Lage, Form und Struktur sind daher nicht isoliert zu verstehen.

Die Differenzierung von außen nach innen zeigt sich – wie nach dem Gesagten zu erwarten ist – auch in der Gefäßentwicklung und ihrer konstruktiven Bedeutung. Sind die Gefäßstämme hinreichend groß geworden, bekommen sie durch ihren Wachstumswiderstand relativ selbständige Bedeutung als Halteapparate. In dieser Eigenschaft beteiligen sie sich an der Körpergestaltung. Das zeigt sich sehr instruktiv

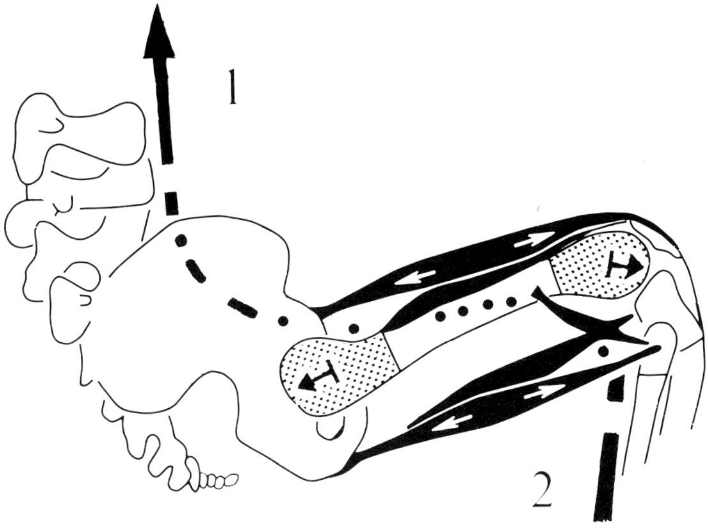

24 Dehnungsfelder im Oberschenkel eines Fetus (5. Monat). Pfeile mit Querstrich: Stemmkörperfunktion des Knorpels. Weiße Pfeile: Wachstumsdehnung in der Streck- und Beugemuskulatur. 1 Aorta, 2 Arterie des Unterschenkels

zum Beispiel an der Armentwicklung. Die Wachstumsbewegung der Händchen von der Rumpfseite über den Leber-Herz-Wulst bis in die Mundregion (Abb. 26) ist unter anderem eine Folge der Gefäßversorgung des Armes. Das Gefäß, das vom Herzen kommend in die Extremität einwächst, bleibt wie alle großen Gefäße sehr bald gegenüber den Zellverbänden in seinem Versorgungsgebiet im Längenwachstum zurück. Dabei wirkt es als Halteapparat, der die Extremität »zügelt«. Diese Zügelung funktioniert so, daß das Skelet mit seinem Stemmkörperwachstum das Gefäß flachspiralig umwächst (Abb. 23) und das Ärmchen sich mehr und mehr mit seinem freien Ende hebt. Analoges gilt für die unteren Extremitäten.

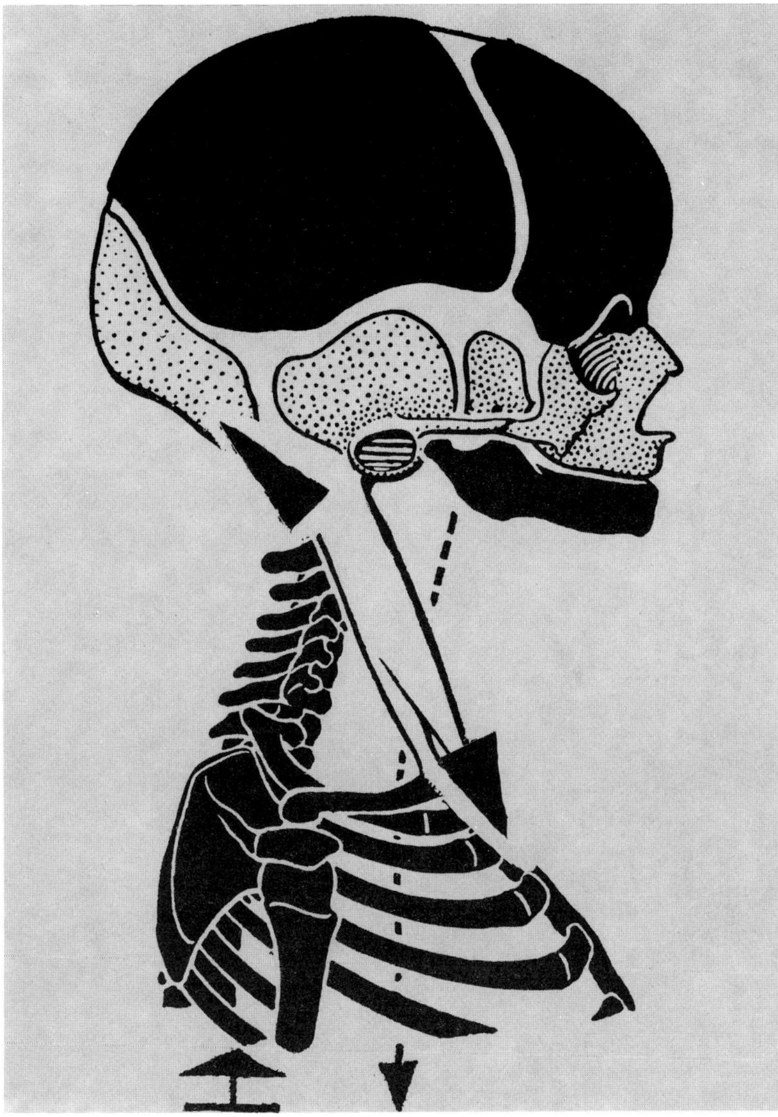

25 Dehnungsfeld im Halsbereich (Neugeborenes). Pfeile unten: Wachstumsdruck und Wachstumszug. Divergente Pfeile im Bereich des schrägen Halsmuskels: Wachstumsdehnung

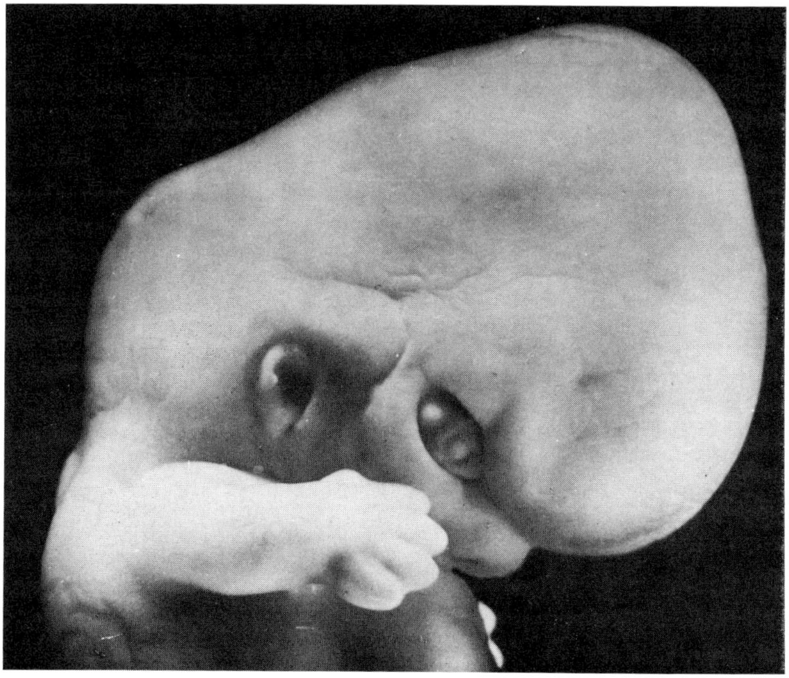

26 *18,2 mm großer Embryo, 7. Woche. Am Rand des Handtellers kuppenförmige Anlage der Finger. (Orig.)*

Wenn wir beobachten, daß im zweiten Monat die Händchen dem Herzen und die Beinchen der Nabelschnur dicht anliegen, und berücksichtigen, daß Nabelschnur und Herz intensiv pulsieren – denn das Herz hat nicht nur den kindlichen, sondern auch den plazentaren Kreislauf zu versorgen –, dann dürfen wir folgern, daß Füßchen und Händchen sich schon jetzt mit dem pulsierenden Herzen intensiv bewegen. Das hat sich klinisch bestätigt. Mit den frühen Bewegungen der Extremitäten differenzieren sich die Gelenke. Die Korrelation und Zusammengehörigkeit aller Differenzierungsschritte wird hier sehr augenfällig.

Die Vorentwicklung der späteren Funktionen

Es ist bisher an vielen Beispielen gezeigt worden, daß Entwicklungsvorgänge beim Menschen nicht in rein chemischen Prozessen bestehen, sondern unter anderem immer auch biodynamische Merkmale haben. Das beinhaltet, daß die Bewegungsvorgänge der Differenzierung jeweils gegen Widerstände ablaufen. Damit sind sie Leistungen im Sinn von echter Arbeit. Da sich keine Zäsur während der Entwicklung feststellen läßt, bis zu der etwa ein Embryo noch nicht leistungsfähig sei, sind wir gezwungen, Funktionen im Sinn lebendiger Tätigkeit während des ganzen Lebens anzunehmen. Die Frühentwicklung im ersten Monat, die Embryonalentwicklung – Organogenese – im zweiten Monat und die Fetalentwicklung ab dritten Monat gehen fließend ineinander über. Leistungen beginnen also nicht erst im Fetalstadium oder gar erst nach der Geburt, sondern bereits mit der ersten Unterteilung des befruchteten Eis. Wenn jeder Entwicklungsschritt eine Leistung ist, dann ist die Aussage berechtigt: Schon die Entstehung eines Organs ist der Beginn seiner späteren (nachgeburtlichen) Tätigkeit.

Alle Frühfunktionen, Grundfunktionen, sind zunächst Gestaltungsfunktionen. Die Gestaltungsfunktionen embryonaler Zellverbände und Organe initiieren die Leistungen des Erwachsenen, sie leiten sie ein. Ohne Gestaltungsfunktionen wäre kein Organismus für seine späteren Aufgaben vorbereitet. Sämtliche Organe üben während ihrer Differenzierung Gestaltungsfunktionen aus. Es gibt deshalb keine funktionslosen Organe. Die phylogenetische Betrachtungsweise ist nicht in der Lage, die konkreten Gestaltungsfunktionen von Differenzierungen zu sehen, weil sie Herzen mit Herzen oder Extremitäten mit Extremitäten sowie Gehirne mit Gehirnen vergleicht, aber nicht mit den jeweils vorangehenden Stadien in ontogenetischen Reihen. Ein phylogenetischer Vergleich kann deshalb keine Gestaltungsfunktionen beschreiben. Daher kommt es zu der Hypothese: Es gäbe funktionslose, überflüssige Organe, Rudimente aus der Vergangenheit. In der Ontogenese des Menschen zeigen sich jedoch keine geschichtlichen Elemente, wie sie beispielsweise als Stilelemente vergangener Epochen in einem Bauwerk zu finden sind. Denn der menschliche Organismus ist ja nicht wie ein solches aus Elementen zusammengesetzt, sondern von Anfang an ein einheitliches Ganzes, das sich nicht mit vorgefertigten Teilen aufbaut, sondern durch Unterteilung differenziert.

Zu den Folgen mangelnder Sachkenntnis gehört hier zum Beispiel die Behauptung, der Mensch habe vorübergehend Schwimmhäute. Von Schwimmhäuten beim Menschen zu sprechen, ist irreführend. Was als sogenannte »Schwimmhäute« gedeutet wurde, sind dünne Hautstellen zwischen den verdickten Skeletstrahlen im Bereich der Mittelhand, Zonen einer zunächst einheitlichen Handplatte, bevor diese lokal durch Skeletstrahlen verdickt wird. Zu diesem Zeitpunkt gibt es noch gar keine Finger, sondern diese sind erst als winzige Kuppen am Handtellerrand angelegt (Abb. 26). Es ist ebenfalls ein Irrtum, zu meinen, es gäbe beim menschlichen Embryo einen Schwanz. Es gibt zwar ein zugespitztes unteres Körperende, niemals aber einen Schwanz, der in der Weise entsteht wie bei schwanztragenden Tieren. Mit der Schwanzbildung beim Menschen hat es, wie gesagt, folgende Bewandtnis. Schon die Keimscheibe ist an ihrem unteren Körperende spitzer als an ihrem oberen. Diese Proportion wandelt sich während der ganzen Embryonalzeit infolge des intensiven Wachstums des Gehirns nur wenig. Sobald das Rückenmark im zweiten Monat relativ zur Oberhaut ascendiert und sich damit aus dem unteren Körperende zurückzieht, kollabiert hier die häutige Körperwand. Beim Menschen wird also das untere Körperende reduziert, dagegen ist der Schwanz die Folge eines appositionellen (Zusatz-) Wachstums (Abb. 27).

Hier sollen nun drei Beispiele einer Funktionsentwicklung erörtert werden. Dabei ist es erforderlich, zunächst auf einen grundlegenden wichtigen Entwicklungsprozeß kurz einzugehen, auf den sogenannten

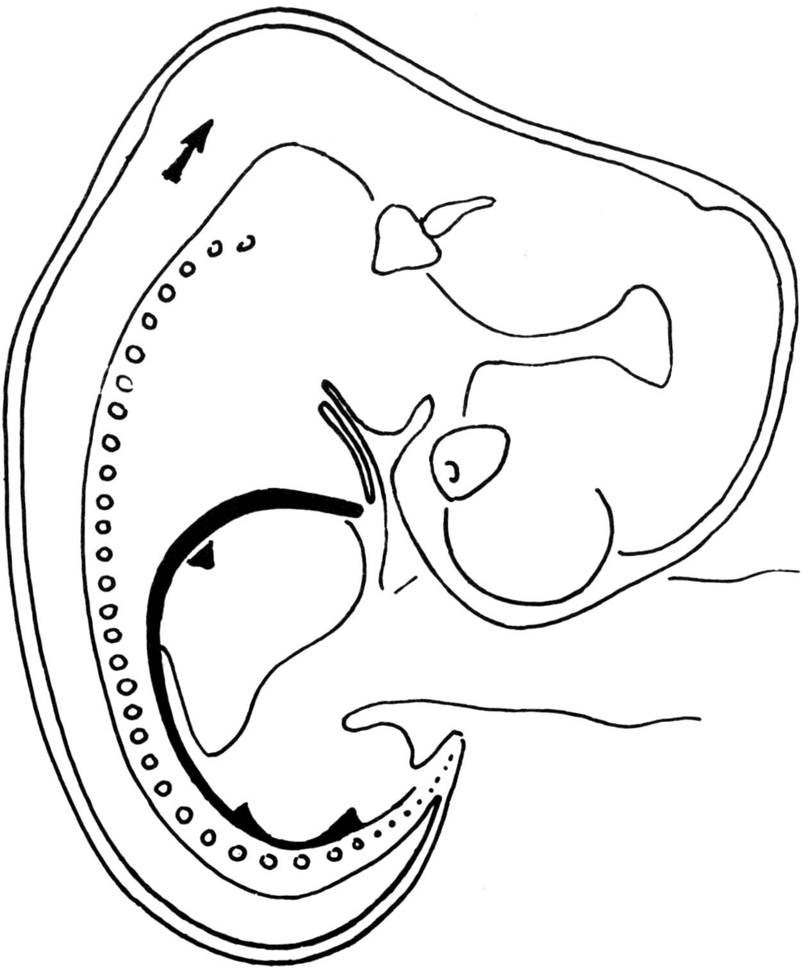

27 *10 mm großer Embryo, 6. Woche (nach einer Schnittserienrekonstruktion). Dicke schwarze Linie: Zwerchfell mit Haltefunktion (konvergenter Doppelpfeil). Pfeilkopf: Descensus des Zwerchfells und der Eingeweide. Einfacher Pfeil: Ascensus des Rückenmarks und Gehirns*

Descensus (Abstieg) der Eingeweide. Im Verhältnis zu Rückenmark und Gehirn (präziser: der Spitze der Chorda) verschieben sich im zweiten Monat die Eingeweide nach unten, während Gehirn und Rückenmark, bezogen auf die Eingeweide, sich mehr und mehr nach oben verlagern, ascendieren. An dem Abstieg der Eingeweide ist das Zwerchfell mit der Leber entscheidend beteiligt. Es löst sich mit seinem kuppelförmigen Abschnitt von der Wirbelsäule und verlagert sich dabei nach vorn, sobald sich die Leber, mit der es verwachsen ist, mit ihrer Vergrößerung abflacht (Abb. 27). Mit dem relativen Abstieg des Zwerchfells senken sich auch das Herz und die Halseingeweide. Die Körperwand im Halsgebiet kollabiert: der schlanke menschliche Hals entsteht.

Sobald bei einem 10 mm großen Embryo Herz und Leber stärker an Umfang zunehmen, vergrößert sich, wie zwischen aufgeblasenen Ballons, der Raumwinkel zwischen ihnen, der Wirbelsäule und der seitlichen Rumpfwand. Die Vergrößerung des Raumwinkels bedeutet die Entstehung eines Sogfeldes (Abb. 28 und 29). In das Sogfeld stülpt sich zarte Darmwand als Lungenanlage ein. Die Lungenanlage ist Drüsengewebe, wie in der Regel jedes Gewebe, das in ein Sogfeld einwächst. Mit der späteren Weiterstellung des Brustkorbs vergrößert sich die Lunge. Sie wird dabei, ähnlich wie beim Atmen, in einen frühen Unterdruckraum hineingesogen. Damit ist die Entstehung der Lungen bereits ein sehr differenzierter Beginn der späteren Atemtätigkeit. Ohne die frühen Gestaltungsfunktionen im Brustraum wäre das spätere Atmen nicht möglich. Es ist deshalb, genaugenommen, unrichtig, nach der Geburt von einem »ersten« Atemzug zu sprechen. Wenn jetzt zum ersten Mal Luft eingesogen wird, ist dies nur eine Spätfolge von längst vor der Geburt vorregulierten Wachstumsprozessen.

Ein weiteres Beispiel soll die Schilddrüse sein. In der dritten Entwicklungswoche sind zwischen dem vom Herzen abgehenden Blutgefäß (der Aorta ventralis) und den zunächst beidseits des Rückenmarks verlaufenden Körperschlagadern Gefäßkurzschlüsse (Anastomosen) gebildet worden, die korbartig den Kopfdarm umschließen. Mit dem Abstieg des Herzens wird der zunächst relativ stumpfe Winkel zwischen den nach beiden Seiten von der ventralen Aorta abgehenden Gefäßkurzschlüssen spitzer. In dem spitz gewordenen Winkel finden wir

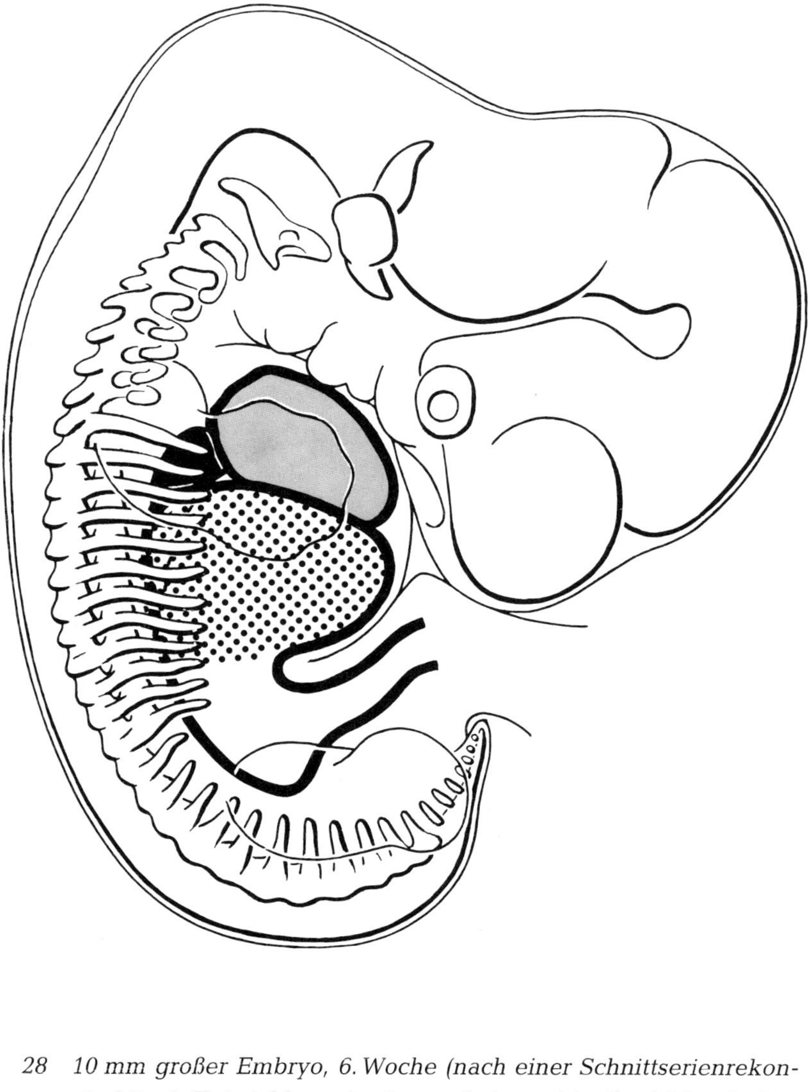

28 10 mm großer Embryo, 6. Woche (nach einer Schnittserienrekonstruktion). Entwicklung der Lunge (schwarz) im Sogfeld zwischen den Wachstumszonen von Leber und Herz. Rippen noch kurz

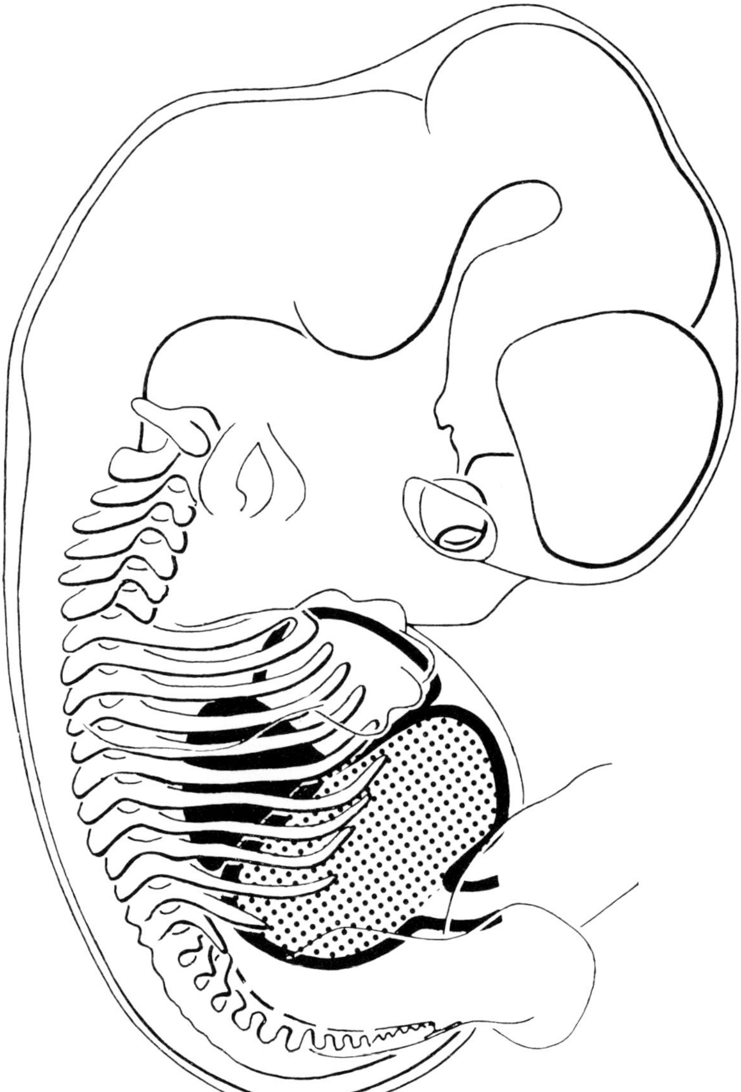

29 *17,5 mm großer Embryo, 7. Woche (nach einer Schnittserienrekonstruktion). Brustkorb gegenüber dem Stadium Abb. 28 vergrößert. Die Wachstumsinspiration ist fortgeschritten*

regelmäßig den Boden des Kopfdarms in Form eines kleinen Blindsacks eingeklemmt (Abb. 30). Dieser kleine Blindsack ist die Anlage der Schilddrüse, die mit dem absteigenden Herzen herabgezogen und dadurch schon sehr früh von ihrem Mutterboden abgetrennt wird. Solche Drüsen, die – in einem Sogfeld entstanden – ihren Ausführungsgang verlieren, nennt man später Drüsen ohne Ausführungsgang oder inkretorische Drüsen. Als Drüse ohne Ausführungsgang bekommt die Schilddrüse innige Beziehungen zum Gefäßsystem und wird damit eine Blutdrüse. Als solche wird sie, wie die Klinik gezeigt hat, von Bedeutung für die Intensität des Stoffwechsels. Wenn krankhafterweise Teile des Ausführungsganges einmal erhalten bleiben und zu Fisteln werden, ist das keine Erinnerung an vermeintliche Kiemenspalten, sondern ein Grenzfall der normalen Ontogenese.

Als drittes Beispiel sei hier auf die Funktionsentwicklung der Nieren hingewiesen. Auch die spätere Nierentätigkeit ist embryonal durch Wachstums- und Gestaltungsfunktionen vorbereitet. Bei 4 mm großen Embryonen beobachtet man die durch Faltung entstandenen sogenannten Urnieren und ihren Ausführungsgang, den Wolffschen Gang. Die Urnieren sind Längsfalten, die mit der Querkrümmung des Embryo konstruktiv zusammenhängen, vorübergehend Gestaltungsfunktionen ausüben und später mit der zunehmenden Vergrößerung der Leber in ihrem oberen Abschnitt wieder zugrunde gehen. 4 mm große Embryonen sind an ihrem unteren Körperende eingerollt. An dieser Einrollung sind das Rückenmark, die Aortenanlagen und beidseits auch noch der Wolffsche Gang beteiligt (Abb. 31). Wenn jetzt das Rückenmark stärker in die Länge wächst als die Eingeweide, heben sich Wolffscher Gang und Harnblase, in die der Wolffsche Gang mündet – beide geweblich mit dem Haftstiel verbunden –, vom Rückenmark ab. Damit entsteht im Binnengewebe der unteren Körperregion ein Sogfeld zwischen Wolffschem Gang und Rückenmark. In dieses Sogfeld sprossen Zellen aus der Wand des Wolffschen Ganges ein und bilden zunächst als Blindsack die junge Nierenanlage (Abb. 31). Den Platz für ihre weitere Vergrößerung erhält die Nierenanlage in dem Sogfeld dadurch, daß sie Flüssigkeit aus ihm als Nahrung aufnimmt und gesammelte Abbauprodukte in ihr Lumen abgibt. So drainiert sie das Sogfeld und leitet Flüssigkeit

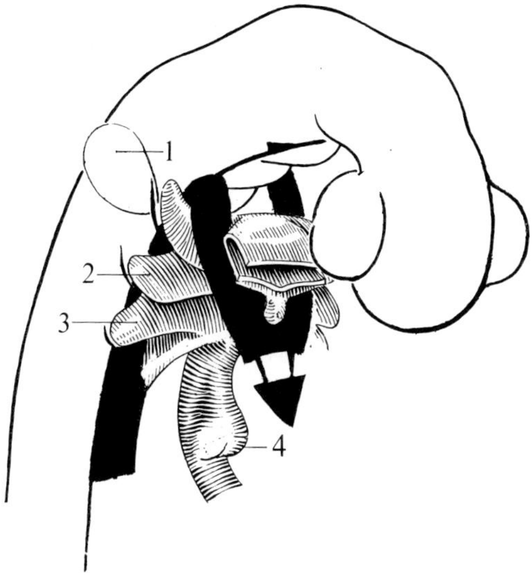

30 3,4 mm großer Embryo, 27 Tage. Entstehung der Schilddrüse im Gefäßzwickel zwischen der rechten und linken ersten Visceralbogenarterie. Der Pfeil zeigt den Descensus der Eingeweide an. 1 Ohrblase, 2 zweite Schlundtasche, 3 dritte Schlundtasche, 4 Entoderm der Lungenanlage. (Nach einer Schnittserienrekonstruktion)

über den Wolffschen Gang in die Harnblase... Damit ist schon die Entstehung der Nieren eine Exkretionstätigkeit. Dies mag hier genügen. Einzelheiten sind anderwärts publiziert. (1978)

An den genannten Beispielen zeigt sich, daß Form und Funktion viel enger aufeinander bezogen sind als kausale Abhängigkeiten. Denn Formbildung ist eine Funktion, eine Leistung, die mit dem Entstehen und der Differenzierung untrennbar verknüpft ist. Das ist der Grund, warum im späteren Leben, beim Kind und Erwachsenen, alle Organe so erstaunlich »richtig« funktionieren, ein Phänomen, über das wir immer wieder verwundert sind.

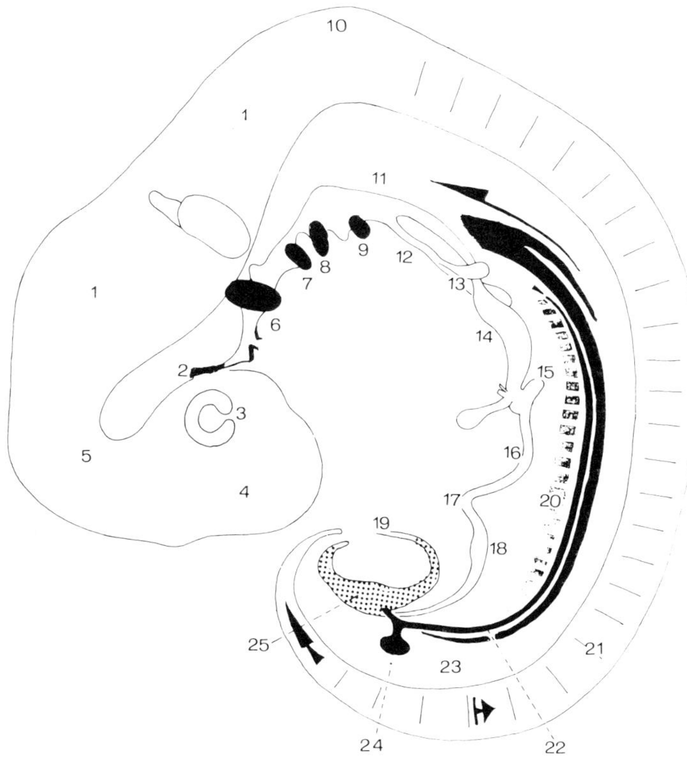

31 *6,3 mm großer Embryo, 30 Tage. Entstehungsort der Niere in einem Auflockerungsfeld (23) zwischen dem kurzbleibenden Wolffschen Gang und dem länger werdenden Rückenmark. Oberer Pfeil: Zugwirkung der großen Venen. Untere Pfeile: Längenwachstum des Rückenmarks. 1 Hinterhirn, 2 Hypophyse, 3 Auge, 4 Vorderhirn, 5 Mittelhirn, 6–9 Schlundtaschen, 10 Nackenbeuge, 11 Schlund, 12 Luftröhre, 13 Lunge, 14 Magen, 15 Bauchspeicheldrüse gegenüber der Gallenblase, 16 Zwölffingerdarm, 17 erste Darmschlinge, 18 Dickdarm, 19 Allantois, 20 Urniere, 21 Rückenmark, 22 Wolffscher Gang, 23 Sograum, 24 Niere, 25 Harnblase. (Nach einer Schnittserienrekonstruktion)*

Wenn wir von Wachstumsgreifen, von Wachstumsstrampeln und Wachstumsatmen sprechen, deuten wir damit an, daß die späteren spezifischen Leistungen stets Grundlagen im Wachstum haben.

Cerebralisation und Wachstumsfunktionen des Nervensystems

Im vorangehenden hat sich immer wieder die Dominanz des Gehirns und seine Bedeutung für die Entwicklung der übrigen Organe bestätigt. Mit seiner Entwicklung leistet das Gehirn den Hauptbeitrag zur gesamten Gestaltung des Embryo. Diesen Beitrag nennt man Cerebralisation. Sie ist für den Menschen charakteristisch.

Für das Nervensystem gilt in besonderem Maße, daß es bereits während seiner Entwicklung Leistungen vollbringt. Mit seinen Wachstumsfunktionen bereitet es seine späteren nervösen Leistungen schon auf frühen Entwicklungsstufen vor. Die Wachstumsleistungen – das läßt sich im einzelnen zeigen – bestehen in der Bildung einer hochkomplizierten Wachstumsarchitektur mit symmetrischen Verschaltungen von Zentren durch Bahnen. Die dreidimensionale Ausrichtung und damit räumliche Verknüpfung der Zentren ist unter anderem eine Folge des dreidimensionalen Wachstums des Gehirns. Das Gehirn hat nicht nur ein intensives Flächenwachstum, sondern auch – lokal verschieden – ein auffälliges Dickenwachstum. Dabei gilt auch für das Gehirn, daß die Impulse zur Bildung von Bahnen und Zentren immer von außen, das heißt von den Innervationsgebieten kommen.

Das ist bereits in den frühesten Stadien der Fall, wenn das Neuralrohr sich zu schließen beginnt. Dann wachsen von den Zellkörpern Fortsätze zur Neuralrohroberfläche. Sie werden zu diesem Wachstum veranlaßt, weil hier ihre erste Nahrungsquelle liegt. So beginnt eine frühe Differenzierung in drei Stoffwechselfelder: in eine zellreiche Schicht entlang dem Hohlraum des Neuralrohrs, in eine Schicht fast ausschließlich mit Zellfortsätzen entlang dem Gewebsbett des Neuralrohrs und in eine dazwischenliegende Schicht. Die letztgenannte ist die graue Substanz, in der sich die Ganglienzellen bilden.

In der relativ frei beweglichen Kopfregion am Gegenende zur haftstielnahen unteren Körperregion vergrößert sich das Neuralrohr zu einer so mächtigen Gehirnanlage, daß sie nicht nur gegenüber dem Rückenmark, sondern auch gegenüber allen übrigen Organen bis zur Mitte des zweiten Monats das relativ größte Volumen gewinnt. Ihm dient eine zunehmend mächtige Gefäßversorgung. Sie ist die Folge des starken Nahrungsverbrauchs des wachsenden Gehirns. Dem dadurch entstehenden Stoffwechselgefälle entspricht die frühe Entfaltung des Herzens, die wir schon in der vierten Woche beobachten können. Seine pulsatorische Blutfüllung erscheint als »springender Punkt«, den man in der alten Zoologie beim Herzen von Hühnerembryonen als punctum saliens bezeichnet hat.

Mit der Gefäß- und Herzentwicklung zeigt sich die erste wachstumsfunktionelle Bedeutung der frühen Gehirnanlage. Zugfest an seinen Blutgefäßen verankert, krümmt sich das Gehirn. Hierbei entsteht mit Hilfe der Krümmung die bekannte Dreigliedrigkeit, seine Differenzierung in Vorderhirn, Mittelhirn und Hinterhirn. Die Dreigliedrigkeit wird um so deutlicher, je mehr der Widerstand der äußeren Haut das Volumenwachstum des Gehirns einengt. Dabei paßt sich das Gehirn den Raumverhältnissen unter der gespannten Kopfhaut an.

Zur Zeit der eigentlichen Embryonalentwicklung, also im 2. Monat, nimmt das Gehirn etwa die Hälfte der Gesamtmasse des Embryo ein (Abb. 32). Während es zusammen mit seinen großen Hirnnerven in Verbindung mit wenigen, aber kräftigen Blutgefäßen zur Entwicklung kommt, wird das Rückenmark von relativ kleineren Gefäßästen der Aorta versorgt, die sich in regelmäßigen Abständen am Rückenmark verankern (s. oben). An jeder Gefäßverankerung entwickelt sich, sobald die Gefäße im Wachstum gegenüber ihrem Versorgungsgebiet zurückbleiben und dadurch eine Haltefunktion ausüben, ein Rückenmarksnerv. Die Zahl der Nerven wird so durch die Zahl der Gefäßverankerungen bestimmt (Abb. 20). Das ist ein Beispiel dafür, daß die konstruktive Einheitlichkeit des Organismus nie etwa direkt durch Gene hervorgebracht wird, sondern mit Hilfe all der vielen einzelnen Diffe-

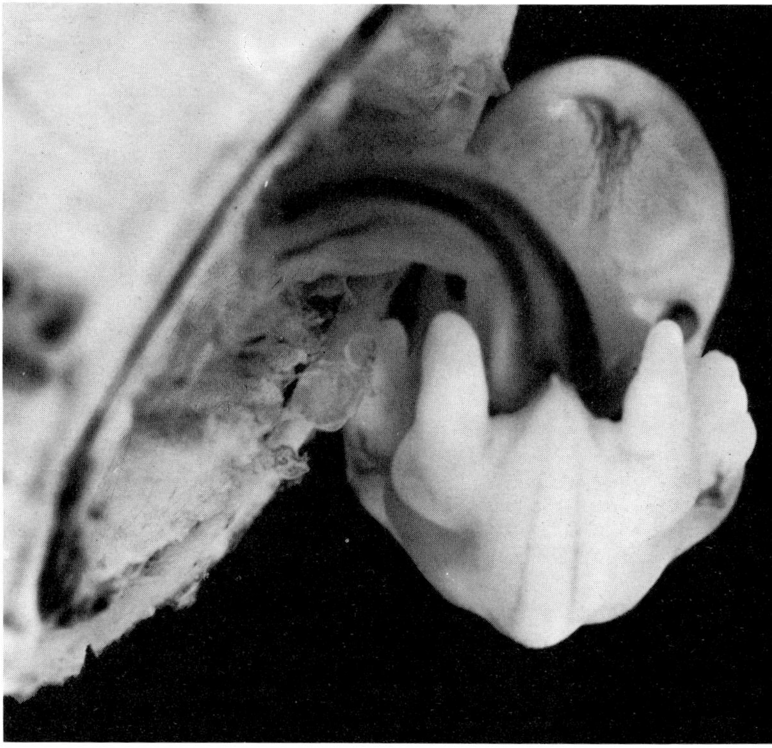

32 16,8 mm großer Embryo mit Nabelschnur und Placenta. Mitte der 7. Woche. Tubenschwangerschaft. (Orig.)

renzierungen, die nach und nach in den aufeinanderfolgenden Entwicklungsphasen entstehen.

In der Peripherie innervieren die Nerven zunächst nur verdickte Oberhaut und ihre benachbarte erste Muskulatur. Verdickte Oberhaut findet sich in jungen Embryonen regelmäßig in einer ringförmigen Zone, die sich vom Gesicht beidseits über die seitliche Körperwand und über die Leistengegend bis an das untere Körperende erstreckt. In dieser Ringzone wird die Körperwand noch vor Ende des ersten Monats lokal im Flächenwachstum behindert und daher verdickt, während sie über dem schnell wachsenden Rückenmark und Gehirn sowie über dem mächtigen Herz-Leber-Massiv gedehnt und dünn wird. Die verdickte Körperwand, das heißt das Gesicht, die seitliche Rumpfwand (sogenannte Extremitätenleiste), an deren oberem und unterem Ende die Extremitäten entstehen, sowie der äußere Genitalapparat werden zunächst als einzige mit Nerven versorgt. Früher wurde vermutet – da man keine andere Erklärung für die geordnete Nervenversorgung hatte –, die Nerven hätten einen »Plan« in ihrem Zellkern und »wüßten« von sich aus, welche Organe sie zu versorgen hätten. Heute hat man begründetere Vorstellungen, nachdem man weiß, daß alle Zellen sich lageabhängig differenzieren. Es gilt auch für die Nerven, daß ihre Anordnung Folge eines lokal unterschiedlichen Wachstums ist. Würden sie nicht schon während ihrer Entstehung durch Wachstumsfunktionen unterschiedlich beansprucht, wären sie später nicht in der Lage, unterschiedliche Leistungen auszuüben. Auch hier sehen wir also wieder eine Funktionsentwicklung.

Im Bereich von afferenten und efferenten (sensiblen und motorischen) Nervenfasern sind Stoffwechsel und Stoffwechselbewegungen während des Wachstums aller Wahrscheinlichkeit nach ungleich. Als Zeichen dieser Verschiedenheit findet man, daß die Fasern in den Nerven in verschiedene Innervationsgebiete einwachsen. Die einen entstehen in Beziehung zu einer im Flächenwachstum behinderten und verdickten Oberhaut, die anderen in Beziehung zu spindelförmig werdenden Muskelzellen. Wir dürfen annehmen, daß die zunächst unspezifischen Nervenfasern erst dadurch sensibel beziehungsweise motorisch werden, daß sie längere Zeit je verschiedene Wachstumsfunktionen ausüben.

Nachdem man weiß, daß verdickte Oberhaut dadurch gekennzeichnet ist, daß trotz intensiven Stoffwechsels bei der Zellvermehrung keine Abbauprodukte zwischen den Zellen gestaut werden, liegt die Annahme nahe, daß Stoffwechselprodukte von den eng aneinanderliegenden Zellen abgepreßt werden. Wir haben gute Gründe, anzunehmen, daß aus dieser Flüssigkeit Substanzen von den wachsenden Nervenfasern aufgenommen und zu ihrem Spitzenwachstum verwandt werden. Sensible Nervenfasern saugen sich danach wahrscheinlich durch Substanzaufnahme an ihr Innervationsgebiet heran. Morphologisch sind sie durch eine besondere Zartheit und Empfindlichkeit ihrer Spitze charakterisiert. Nur die Spitze von Nervenfasern ist fast ringsum von einem innervierbaren Feld umgeben, weil sie immer gleichsam einen Punkt, Zentralpunkt, in einem zur Innervation geeigneten Stoffwechselfeld darstellt. Das Ansaugen und die Aufnahme von Substanzen scheinen im Rahmen ihrer Funktionsentwicklung eine Voraussetzung für ihre spätere afferente Erregungsleitung.

Handteller, Fußsohlen, Fingerbeeren oder Gesichtsregion werden nach dieser Vorstellung nicht deswegen gut mit Nerven versorgt, weil das nützlich wäre, da diese Hautbezirke beim Erwachsenen besonders sensibel sein müßten, sondern weil hier in der Embryonalzeit besondere Wachstumsreize vorliegen.

Besondere Wachstumsbedingungen finden wir auch bei den motorischen Nervenfasern. Zellen, die zu Muskelzellen heranwachsen, werden während ihrer Frühentwicklung zunächst gedehnt. Sie werden länger und damit zu ihrer späteren Leistung als kontraktile Fasern vorbereitet (wachstumsfunktionelle Grundlagen der späteren Muskeltätigkeit). In Dehnung befindliche Zellen entwickeln in ihrem Inneren ein Sogfeld. Dieses vermag junge Nervenfasern anzuziehen. Wir können nicht ausschließen, daß dabei Substanzen aus Nerven in die Muskelzellen abgegeben werden. Daß die Nervenfasern später mit breiter Endplatte an Muskelzellen enden, würde auf diese Weise entwicklungsdynamisch ebenso verständlich wie der Befund, daß später bei jeder motorischen Erregung Überträgersubstanzen in die Muskelzellen eintreten. Die Richtung der Erregungsleitung wäre danach bereits wachstumsfunktionell bestimmt.

Nervenfasern sind also nicht von vornherein sensibel oder motorisch und finden nicht von sich aus den Ort, wo sie innervieren »sollen«. Sondern es sind Bahnen, die erst dadurch sensibel und motorisch werden, weil sie im Wachstum verschiedene Beanspruchung erfahren. Wenn die Entstehung der Nerven durch Wachstumsvorgänge peripher vom Zentralnervensystem veranlaßt wird, wie wir gesehen haben, dann bedeutet das, daß das Gehirn über die Nerven von den Wachstumsvorgängen informiert wird. Damit scheint die Vorstellung berechtigt, daß schon in den Frühphasen der menschlichen Entwicklung eine Integrationstätigkeit des Gehirns geschieht, das heißt eine seiner wichtigsten Funktionen, die Verknüpfung der verschiedenen Reize, eingeleitet wird. Wenn man die Integrationsfähigkeit des Menschen als ein Merkmal geistiger Tätigkeit betrachtet, so scheint schon die Frühentwicklung des Gehirns auf geistige Funktionen ausgerichtet, ja, bereits eine geistige »Tätigkeit« zu sein.

Nach der Entwicklung zu urteilen, ist sicher, daß die Bilateralsymmetrie, besonders des Großhirns, eine wichtige Bedeutung haben muß (Abb. 33). Die bilaterale Wachstumsarchitektur des Gehirns macht es möglich, daß sowohl die Information, die das Gehirn erhält, als auch die, die es gibt, immer doppelseitigen Bezug haben. Die normale bilaterale Entwicklung des Gehirns schließt eine Zentrenlehre etwa im Gallschen Sinn aus und verlangt, als ursprüngliche Gehirntätigkeit eine regelmäßige »Vergleichstätigkeit« des Gehirns mittels rechts- und linksseitiger Funktionen anzunehmen. Als körperliche Geste drückt sich diese Vergleichstätigkeit des Gehirns aus, wenn wir den Kopf hin und her wiegen, um ein Problem zu erwägen, das heißt, es von einer Seite zur anderen zu verlagern, um so gleichsam abzuwägen.

Es wurde oben bereits bemerkt, daß bei den frühen Differenzierungsbewegungen zwei Grundvorgänge besonders bedeutsam sind: ein Aufstieg des Gehirns und Rückenmarks relativ zu den Eingeweiden und damit ein Abstieg der Eingeweide relativ zum Gehirn. Ausdruck, gleichsam ein Meßgerät dieser konträr gerichteten Entwicklungsbewegungen während der Cerebralisation ist das embryonale Antlitz. Es ist infolge der frühen Krümmung des Neuralrohrs bei 2–3 mm großen jungen Embryonen als charakteristisches Quergesicht zwischen Gehirn

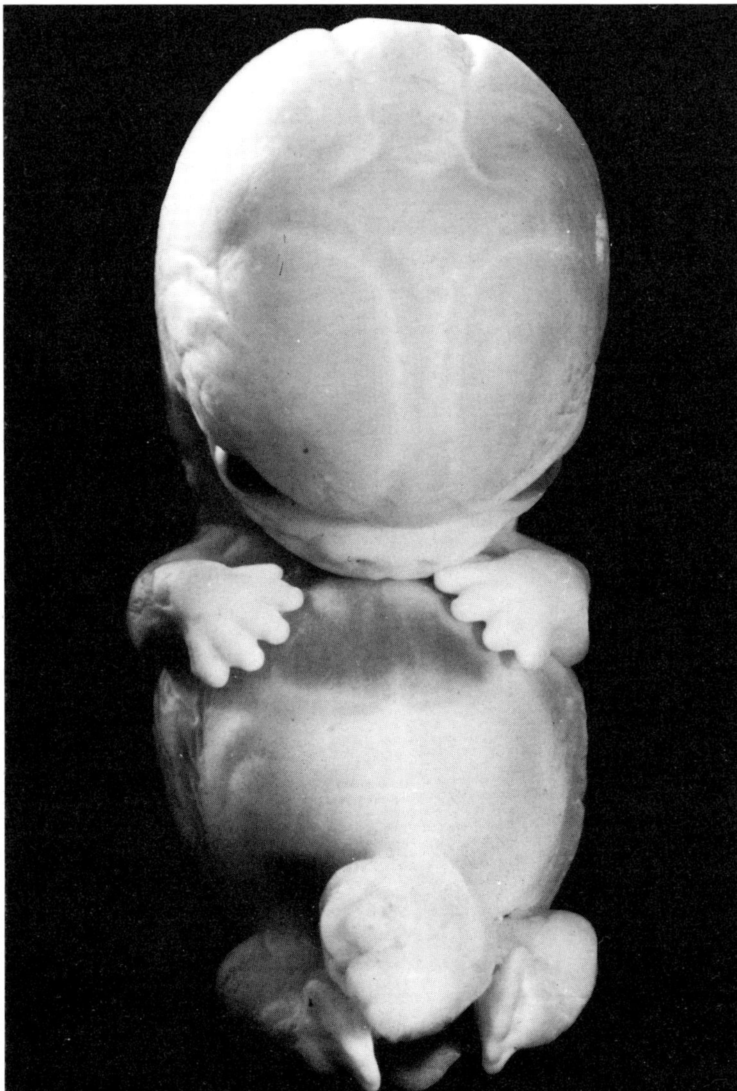

33 Embryo 17 mm, Mitte der 7. Woche. Deutliche Knickfurche über der Nasenwurzel. Durch die Haut des Oberkopfs sind die beiden Großhirnhemisphären sichtbar. (Orig.)

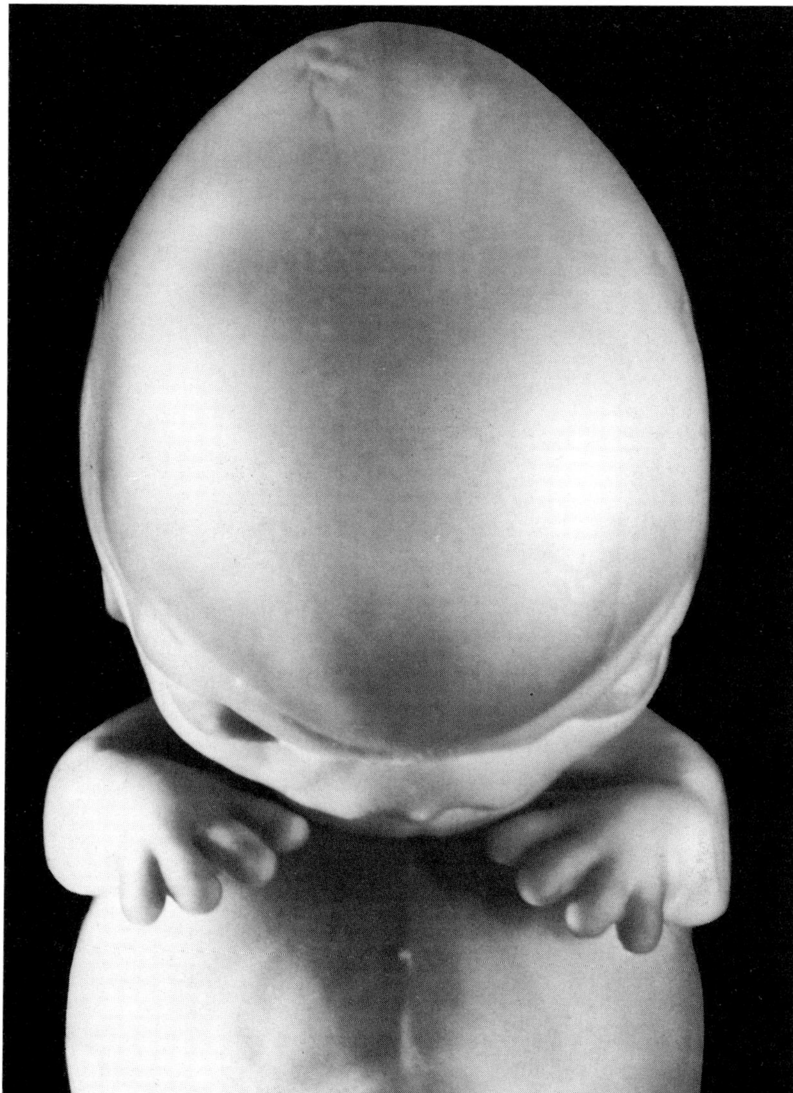

34 *Gesicht eines 21 mm großen Embryos. Noch kurzes Breitgesicht. Händchen schon nahe dem Mund. (Orig.)*

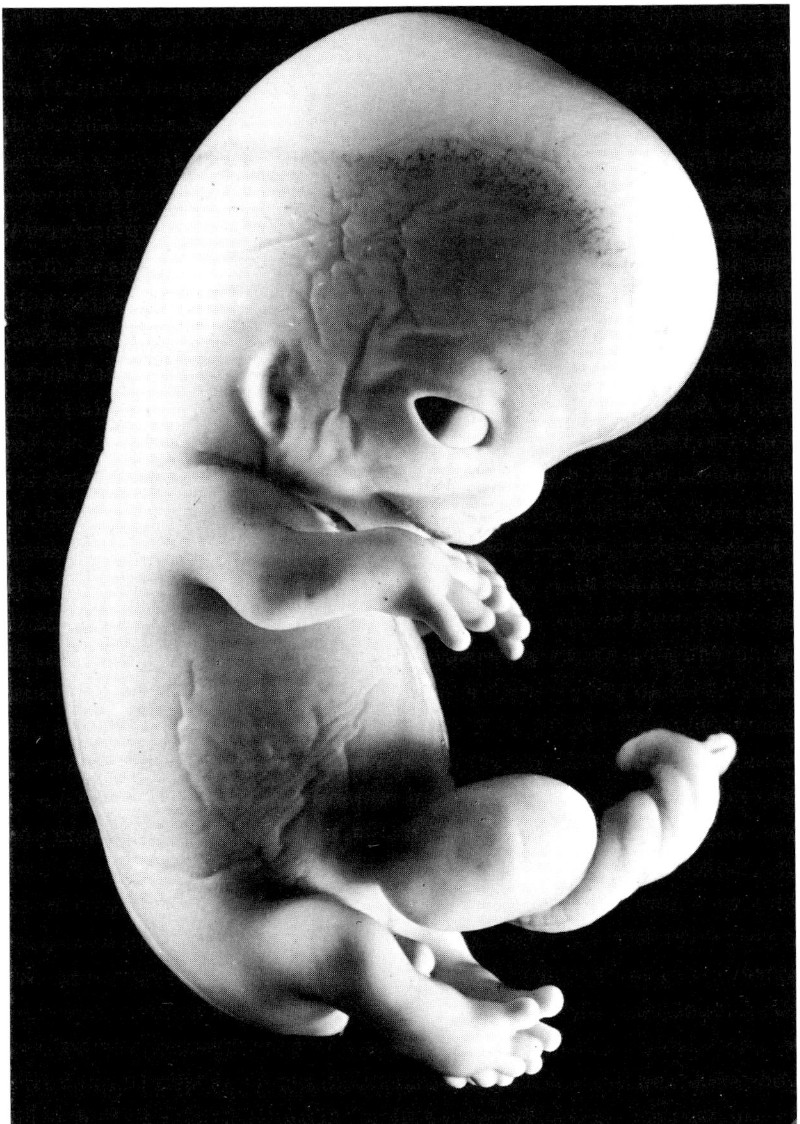

35 Embryo 23,6 mm, 8. Woche (Orig.)

und Herz angelegt und bleibt bis etwa zur Mitte des zweiten Monats ein relativ schmaler Querstreifen an der Basis des mächtigen Oberkopfs (Abb. 34). Erst danach wird es, wenn der Abstieg der Eingeweide relativ zum Gehirn bei etwa 20 mm großen Embryonen hinreichend ausgiebig wird, zum Langgesicht. Die allmählich zunehmende Längsausrichtung des Gesichts zeigt sich markant in dem typischen Schlankwerden der menschlichen Nase. Sie gewinnt im Zusammenhang mit der Cerebralisation zwischen aufsteigendem Gehirn und absteigendem Herzen erst allmählich Raum zu ihrer Entwicklung (vgl. Abb. 35–36).
Das Schmalwerden des Gesichts manifestiert sich in dem zunehmend nach vorn gerichteten Blick, der für den Menschen charakteristisch ist. Die menschliche Blickrichtung ist ein unmittelbarer Ausdruck der Cerebralisation. Noch bei 16–17 mm großen menschlichen Embryonen ist das Gesicht zwischen dem wachsenden Gehirn und dem mächtigen Herzwulst eingeengt und daher breit. Der Abstand der Augen und der Naseneingänge ist weit, die Mundspalte quergestellt. Während das Vorderhirn intensiv wächst, kippt es mit dem Oberkopf über die Nasenwurzel. Dabei entsteht hier am oberen Rand der Nasenwurzel zwischen den beiden Augen eine Knickfurche (Abb. 33). In ihr wird – zwischen der vorgewölbten Stirn und der Nase – das Gewebe eingeengt und damit im Wachstum behindert. Es wird zwischen den rechten und linken Augenlidern, in die es beidseits ausstrahlt, gestrafft und bildet einen Strang, der die Lider und damit die Augen selbst zugfest miteinander verbindet. Dieser Strang hält die Augen zäh an ihrem embryonalen Platz. Die zugfeste Verbindung ist die unmittelbare Ursache dafür, daß mit dem Breiterwerden des Hinterhaupts infolge des mächtigen Wachstums des Schläfenhirns der Augenabstand fast nicht zunimmt, so daß der Blick allmählich mehr und mehr nach vorn gerichtet wird. Der typisch menschliche Blick steht also in direkter Beziehung zur Gehirnentwicklung. Er ist eine der vielen Folgen der für den Menschen charakteristischen Cerebralisation. Durch die Blickrichtung nach vorn wird der Blick schon lange, bevor die eigentlichen visuellen Funktionen der Augen beginnen, in den Wirkungsbereich der Hände gelenkt (Abb. 36).

Physiognomiker verstanden schon früher den menschlichen Gesichtsausdruck als Zeichen eines Zusammenspiels von Gehirn und

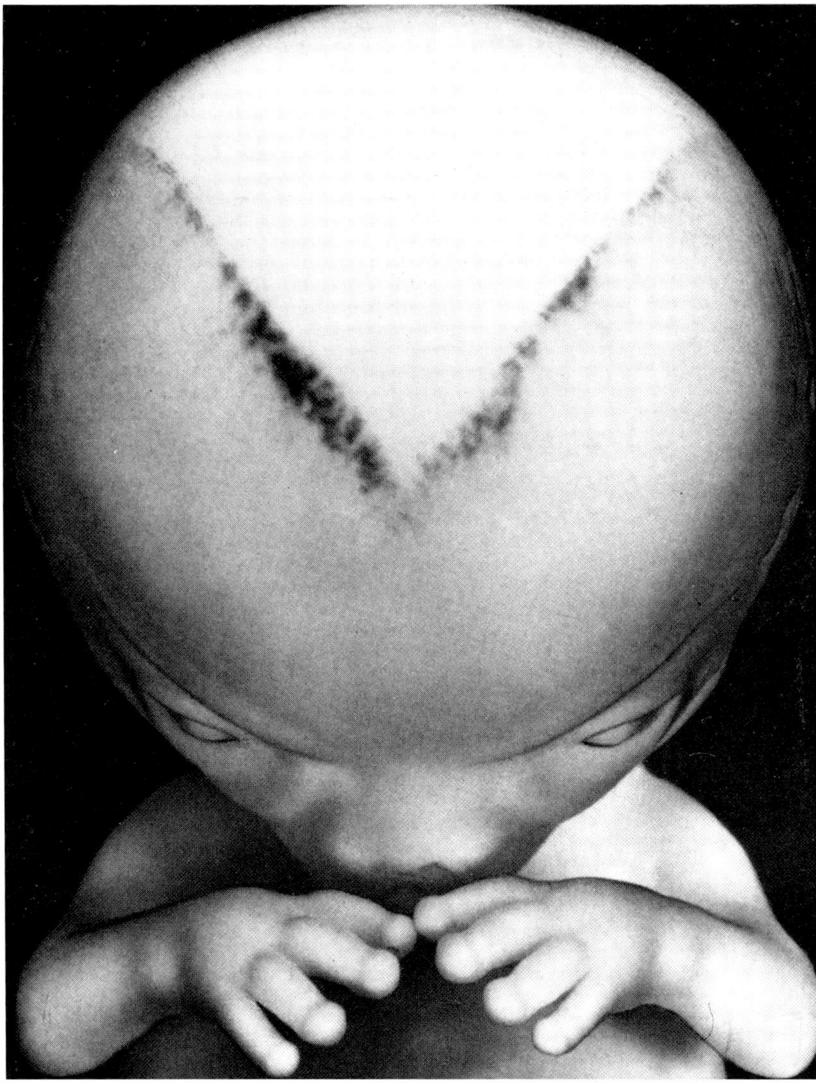

36 *29 mm großer Embryo, Ende des 2. Monats. Entstehung des Langgesichts mit langem Nasenrücken. Gefäßgrenze entlang der noch dünnen Haut des Oberkopfs. Händchen, mit Anlage der Nagelglieder, nahe am Mund gehalten (Orig.)*

Herz. Sowohl die Ratio als auch die Emotion vermögen sich im Mienenspiel zu äußern. Maler und Bildhauer der Renaissance haben das Antlitz des Menschen mit aller Eindringlichkeit darzustellen versucht und damit die ganze Persönlichkeit zum Ausdruck gebracht. Die Frage mag erlaubt sein, ob der moderne Verzicht auf Darstellung von Gesichtern in der Kunst vielleicht ein Zeichen dafür ist, daß Persönlichkeit, Individualität nicht mehr anerkannt wird?

Die Cerebralisation äußert sich unter anderem auch in der Schädelbildung und im aufrechten Gang. In Anpassung an den geringsten Widerstand wächst das Gehirn antibasal am schnellsten. Entsprechend seiner Vorentwicklung ist es mit kräftigen Leitungsbahnen nur basal in der Augen- und Ohrregion mit dem Gesicht verbunden. Das hat zur Folge, daß das Gehirn mit seiner Vergrößerung vorn, seitlich und hinten das basal unterliegende Gewebe überwächst. Dieses wird gestaucht und damit im Flächenwachstum behindert. Es entsteht hier ein Verdichtungsfeld, in dem sich über Vorknorpel die knorplige Schädelbasis entwickelt. An ihrem Rand bilden sich nach den Regeln der Knochenentwicklung als extreme Verdichtungen frühe Knochenherde (Anlage des Schädeldachs). Sie wachsen fächerförmig durch strahligen Anbau von Knochenbälkchen in dem Maße, als das Gehirn sich in seinem Volumen vergrößert. Damit wird angezeigt, daß das Gehirn der Gestaltungsapparat auch des Schädels ist.

Die charakteristische Gehirn- und Schädelentwicklung beim Menschen ist eine wichtige Voraussetzung für den aufrechten Gang. Es gibt keine zwingenden Befunde dafür, daß der Mensch zur Bewältigung ihm gestellter Aufgaben sich ein entsprechend großes Gehirn erworben habe, sondern umgekehrt: mit der Entwicklung eines typisch menschlichen Gehirns ist der Mensch in der Lage, sich erfinderisch zu verhalten. Analoges muß auch für den aufrechten Gang gelten. Lorenz trifft den Sachverhalt nicht, wenn er schreibt: »Es kann kein Zweifel bestehen, daß das Größerwerden der Gehirnhemisphären... in dem Zeitpunkt eingesetzt hat, in dem die Fulguration des begrifflichen Denkens... erworbene Eigenschaften vererbbar macht. Dies muß einen mit der Plötzlichkeit der Fulguration einsetzenden Selektionsdruck in der Richtung einer Vergrößerung der Hemisphären bewirkt haben.«[10] Bis heute ist noch in keinem Fall eine Vererbung erworbener Eigenschaften nachgewiesen. Jedoch ist nicht auszuschließen, daß in langen Zeitläufen gegebenenfalls neue Situationen Anlaß dafür werden können, von vorhandenem Erbgut neuartigen Gebrauch zu machen. Sicher ist außerdem, daß die Realität menschlicher Leib-Seele-Einheit verlangt, Entwicklung der Denkfähigkeit und Gehirnentwicklung nicht in kausaler Abhängigkeit, sondern in einem immanenten Zusammenhang zu sehen.

Im Zusammenhang mit dem aufrechten Gang stehen folgende Befunde: das beim Menschen intensiv wachsende Gehirn vergrößert sich während der Fetalzeit speziell im Bereich der Großhirnhemisphären. Diese wachsen sowohl nach hinten als auch nach oben. Mit ihrem Wachstum vergrößert sich allmählich das Hinterhaupt. Zwischen ihm und der Wirbelsäule vergrößert und verbreitert sich der Kopf-Nacken-Winkel so sehr, daß mit der Verlängerung der Wirbelsäule eine kräftige Nacken-Rücken-Muskulatur entsteht. Sie hilft, daß der Embryo sich aufrichtet. Damit ist auch der aufrechte Gang Zeichen der Cerebralisation und schon embryonal vorbereitet.

Die Bedeutung der Cerebralisation finden wir auch in der für den Menschen typischen Zungenentwicklung, die eine der wichtigen Voraussetzungen der charakteristischen Sprachbildung ist. Wir wollen hier nicht den riesigen Komplex der Sprachentwicklung behandeln, sondern nur eine von den vielen Voraussetzungen dazu ins Augenmerk nehmen, nämlich die Zungenentwicklung im Zusammenhang mit der Cerebralisation. Die Entstehung der menschlichen Zunge dokumentiert bereits Vorfunktionen des Sprechens.

Bezeichnend für die menschliche Zunge ist ihre diffizile Beweglichkeit. Hier ist folgende komplexe Differenzierung nachweisbar. Mit dem Vornüberbeugen des Embryos wird der Kopfdarm gekrümmt. Im Zusammenhang mit seiner Krümmung wird bei einem 7 mm großen Keimling die dem Gehirn benachbarte Wand des Kopfdarms im Flächenwachstum dünn(gedehnt). Das Epithel im Bereich des Mundbodens dagegen wird im Flächenwachstum behindert und zur epithelialen Zungenanlage verdickt. Je größer der Kopfdarm wird, desto größer wird die Zungenanlage. Das verdickte Epithel der Zungenanlage wird schon frühzeitig intensiv sensibel innerviert. Eine dichte Innervation versorgt auch die wachsende Muskulatur der Zunge. Sie entsteht aus Binnengewebszellen unter dem hochgewölbten Zungenepithel. Diese Zellen werden (im Inneren der Zunge) mit dem Längenwachstum der Zungenanlage längs gedehnt. Danach werden jüngere Zellen mit dem Breitenwachstum des Kopfdarms und der Zunge quer zur Längsrichtung der Zunge dilatiert, und noch später werden dann Zellen allmählich senkrecht zu diesen beiden Systemen gedehnt. Alle dilatierten Zellen zusammen bilden das Gitterwerk der Zungenmuskulatur. Wegen der Vielzahl ihrer sensiblen und motorischen Nervenfasern wird die Zunge zu einem besonders »nervösen« Organ. Sie wird zu einem besonderen Wirkungsfeld des Gehirns. Die Fähigkeit zu hochgradig cerebral gesteuerter Tätigkeit der Zungenmuskulatur ist eine der frühen Äußerungen der menschlichen Cerebralisation. Nur der Mensch ist zu einer hochgradig differenzierten Sprache befähigt. Schon die Entwicklung der Zunge ist eine Voraussetzung und Einleitung der späteren Sprechtätigkeit. Mit ihrer Funktionsentwicklung wird das Sprechen morphologisch erkennbar vorbereitet. Das Sprechenlernen macht nur komplett, was schon durch die Frühentwicklung angebahnt wurde.

In engem Zusammenhang mit der Gesichtsbildung erfolgt die frühe Entwicklung der oberen Extremitäten. Sie korrespondiert gleichsam mit der Gesichts- und Zungenentwicklung: In beiden Entwicklungsarealen ist die Masse der Nerven kräftiger als in der übrigen Rumpfregion. Schon bei 10–15 mm großen Embryonen sind kräftige Nervenfaserbündel in den Armanlagen zu finden, die den Hauptteil ihres Volumens ausmachen. Sie enthalten sowohl sensible als auch motorische Bahnen. Die Beanspruchung dieser Nervenfasern beim Wachstum des Arms führt nachgewiesenermaßen dazu, daß sich im Gehirn Zentren und damit Verschaltungen für die Sensibilität und Motorik im Armbereich bilden. Wachstumsbewegungen in der Peripherie und Hirnentwicklung zentral sind hier aufs engste korreliert. Sensibilität, Motorik und Verschaltung sind wieder ein weiteres Beispiel für eine dreiteilige Differenzierung.

Das embryonale Wachstumsgreifen initiiert die späteren Greifbewegungen. Man beobachtet, daß kleine Kinder früh versuchen, Dinge

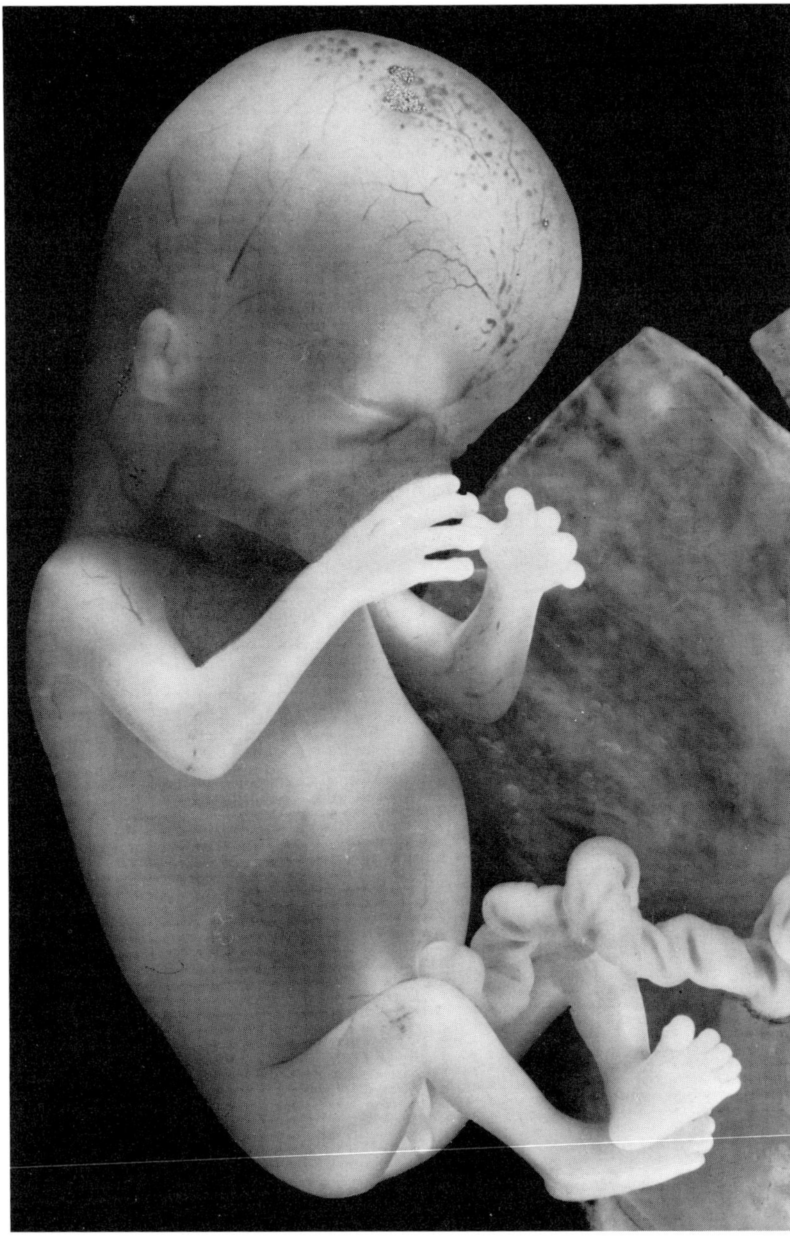

anzufassen, in die Hand zu nehmen und in den Mund zu stecken. Dieser »Instinkt« wird durch das Wachstumsgreifen vorbereitet. Es scheint, daß ohne das körperliche »Greifen«, »Han(d)tieren« ein geistiges Be-»greifen« nicht zur Entwicklung kommt. Erst später können gegenständlich ergriffene Dinge, die mit der Hand »gefaßt« wurden, auch im geistigen Sinne »aufgefaßt« werden.

Was wir beim Menschen als Wachstum bezeichnen, leitet seine spätere Tätigkeit ein. Wenn wir beim Ausgewachsenen konträr bald mehr eine sprachlich-geisteswissenschaftliche, bald mehr eine handwerklich-naturwissenschaftliche Bewußtseinslage finden, so ist dies so erstaunliche Phänomen durch die frühe Gesichtsentwicklung einerseits und die besondere Entwicklung der oberen Extremitäten andererseits schon frühembryonal vorbereitet.

Was wir beim Erwachsenen Tätigkeit im Sinne von geistiger Tätigkeit nennen, ist also nicht eigentlich etwas Neues, sondern nur die Verdeutlichung einer geistigen Tätigkeit, die schon in den Anfängen der Entwicklung verwurzelt ist.

Die Beteiligung schon des frühembryonalen Gehirns an den Wachstumsvorgängen des ganzen Organismus besteht zunächst in einer somatischen Integrationstätigkeit, mit der periphere Differenzierungen im Gehirn vermerkt und reguliert werden. Diese Integrationstätigkeit ist gleichsam der Ansatz der späteren höheren geistigen Tätigkeit des Menschen, die ja auch ein Vermerken und Integrieren von leiblich-seelisch geistigen Prozessen ist. Dem Menschen früherer Zeiten war die überragende Tätigkeit des Gehirns intuitiv immer bekannt. Erzähler, Maler und Bildhauer stellten den Kopf und das Antlitz, das Porträt, als Verkörperung des Menschen und seiner geistigen Tätigkeit dar. Immer wieder wurde bei allen Völkern der Kopf künstlich durch Schmuck oder durch eine besondere Haartracht betont. Die Krone galt schon in Früh-

◁ *37 68 mm großer Fetus mit Nabelschnur und Placenta. 3. Monat (11. Woche). (Orig.)*

kulturen als Zeichen einer mit geistiger Bedeutung verbundenen Macht. Das Wissen von der integrierenden Tätigkeit des Gehirns, das hier zum Ausdruck kommt, bestätigt ein Vorbewußtsein von der Einheitlichkeit des Organismus im Rahmen einer geistigen Ganzheit.

Die Immanenz des Geistigen

In fast allen Diskussionen, die sich mit dem Menschen und seiner kulturellen Stellung beschäftigen, begegnen wir heute zwei konträren Auffassungen. Nach der einen ist der Mensch individuelle Person und nach der anderen ausschließlich ein natürliches Produkt der Evolution. Die Alternative ist also: Entweder hat der Mensch Anteil an einer vorgegebenen Ganzheit, oder aber er ist nur ein Sonderfall molekularer Prozesse. Entweder ist der Mensch als Person zu freien Entscheidungen befähigt, oder er ist ein un-selbst-ständiges, manipulierbares Glied der Gesellschaft.

Da beim Erwachsenen eine Geist-Seele als Träger der Individualität angenommen werden muß und da wir außerdem keinerlei Zäsur zwischen den einzelnen Entwicklungsstadien finden, so haben wir eine Geist-Seele auch schon mit der Befruchtung als gegeben anzusehen und damit bei allen Prozessen geistige Merkmale zu postulieren. Die körperlich-geistige Ganzheit und damit die wesentliche individuelle Eigenart eines Menschen ist seit Beginn seiner Entwicklung Realität.

Wenn wir den Erwachsenen als Person achten, dann muß, nach dem Prinzip von der Erhaltung der Individualität das gleiche auch für das Kind und für das Ungeborene gelten. Man kann also nicht etwa von einer Vorstufe des menschlichen Lebens in der Ontogenese oder von werdendem Leben sprechen. Wenn auch der Embryo auf seine mütterliche Umgebung angewiesen ist, so ändert dies nichts daran, daß er in seiner individuellen Eigenart anerkannt werden muß. Hiermit werden wir veranlaßt, junges menschliches Leben schon pränatal in seinen Anfängen zu behüten. Denn Entwicklung ist nicht von Stadium zu Stadium ein akzidentelles Hinzukommen im Sinn eines Fortschritts vom Einfachen zum Komplizierten, sondern jeweils die Differenzierung eines schon vorgegebenen einheitlichen Ganzen.

Alle Frühfunktionen sind bereits Verhaltensweisen, die deutlich eine menschlich-psychische Eigenart haben. Wenn wir daher von Wachstumsgreifen und Wachstumsstrampeln, von Wachstumshaltung, von frühen Atembewegungen und anderen frühen Lebensäußerungen sprechen, dann deuten wir damit an, daß die Entwicklung nicht rein somatisch zu beurteilen ist, sondern auch als Ausdruck des Lebendigen und Psychischen und damit des ganzen Menschen interpretiert werden muß.

Menschliche Entwicklung ist eine Wirklichkeit, die daher mehr ist, als wir mit unseren naturwissenschaftlichen Methoden feststellen können. Welche Bedeutung diese Auffassung für die Erziehung eines Kindes hat, ist offenkundig. Wenn wir überzeugt sind, daß die pränatale Entwicklung die Einleitung der nachgeburtlichen Reifung ist, dann sind wir veranlaßt, ein Kind wesens-gemäß aufwachsen zu lassen, das heißt seinen natürlichen Voraussetzungen entsprechend. Dazu gehört die Erkenntnis, daß es eine Utopie wäre, durch Pädagogik wirklich Neues hervorbringen zu wollen, wo doch nur der Wandel der Erscheinungen schon gegebener Realität das alleinige Thema von Bildung und Erziehung sein kann. Und zwar ein sehr behutsamer Wandel.

Berücksichtigen wir das, was die Befunde zeigen, nämlich die Geborgenheit eines Keimlings tief im Inneren eines relativ riesigen Eis, seine Entwicklung unter sorgsam vorgeprüfter Nahrungszufuhr, unter Erhaltung eines konstanten Milieus, dann läßt sich abschätzen, wie sehr geschützt und von Fremdeinflüssen ferngehalten das junge Menschenleben natürlicherweise ist. Wir sollten es fast als Verbrechen brandmarken, wenn schon Säuglinge und Kleinkinder bewußt und ohne Not technischer Umwelt ausgesetzt werden, sich an wechselnde Bezugspersonen anpassen müssen oder – wenig älter – ungeschützt sich selbst überlassen bleiben.

Auch was wir Kultur – oder mit einem anderen Wort Pflege – nennen, ist nie durch »Machen«, sondern immer durch »Behüten« vor störenden Einflüssen gekennzeichnet.

Was wir mit dem Prozeß Ent-wicklung (von innen heraus) bezeichnen, hat immer als Beginn der Entwicklung eine Verinnerlichung zur Voraussetzung. Nur wer gesammelt hat, kann austeilen. Verinnerlichung, das heißt: Reichtum für andere in sich tragen, und nicht Selbstdarstellung müßte ein Ziel der Pädagogik sein.

Im besonderen zeigen die beschriebenen Beobachtungen, daß es in der Frühentwicklung eine Ordnung hierarchischer Art gibt. Nicht Gleichheit, sondern Ungleichheit, Über- und Unterordnung bestimmen die Phasen der frühen Differenzierung. Für das Programm und die Ideologie einer antiautoritären Erziehung fände man in der natürlichen Entwicklung des Menschen kein Vorbild. Vielmehr steht, wie wir gezeigt haben, schon in der Entwicklung das Gehirn an ranghöchster Stelle, in seinem Dienst das Herz, in dessen Dienst wiederum die Leber als Zentrum der Eingeweide und die Sexualorgane sehr weit am unteren Ende der Stufenleiter!

Nach dem Gesagten ist es ein grundlegender Unterschied, ob wir meinen, Erziehung sei ein Aufpfropfen von Wissen und eine Vermehrung von Synapsenschaltungen in einem molekularen Geschehen im Nervensystem, oder ob wir davon überzeugt sind, daß bei der Erziehung das Kind in seiner eigenständigen Ganzheit zur Entwicklung kommen muß.

Zum Wesen und damit zur Fülle des Menschen gehört auch seine Freiheit. Die Freiheit des Menschen, sein freier Wille, widerspricht materialistischen Vorstellungen. Denn freier Wille ist nicht aus den Eigenschaften der Hirnrinde ableitbar und kann nicht mit den Methoden moderner Naturwissenschaft demonstriert werden. Er ist vielmehr ein Zeichen des Geistigen im Menschen und ein Ausdruck seiner Persönlichkeit.

Wenn wir subjektiv die Erfahrung machen, daß wir es sind, die sich entwickeln, fühlen, denken und tätig sind, so beruht dies darauf, daß wir schon mit Beginn unserer Entwicklung Individualität haben und daß sich im Verlauf unseres Lebens nur unser Erscheinungsbild ändert, unsere Personalität aber unverändert bleibt. Von sich selbst zu wissen, ist Zeichen der geistigen Kategorie des Menschen. »Selbstverwirklichung« wird daher nicht erreicht, indem man auf der Ebene der

Instinkte seinen Trieben dient (ein weit verbreiteter Irrtum in der modernen Soziologie und Psychologie), sondern durch (geistige) Selbstkontrolle und Verantwortungsbewußtsein Individualität im Rahmen schon existierender Geistigkeit entfaltet. Echte Entwicklung der Persönlichkeit kann nur dann geschehen, wenn der Mensch sich selbst vergißt (also sich gerade nicht selbst verwirklicht) und sich den Werten hingibt, die hinter dem Vordergründigen liegen, die ihn zwingen, sich selbst zu transzendieren und alle seine Möglichkeiten einzusetzen.[11]

Eine der Ursachen vieler moderner Neurosen, seelischer Un-ordnungen ist (nach Frankl)[12] die Flucht vor der Verantwortung. Es ist die Unfähigkeit und mangelnde Bereitschaft, auch die geistige Dimension des Menschen ganz zuzulassen. Eine der wichtigen Aufgaben unserer Zeit muß es sein, die Realität der Person anzuerkennen und damit Höherem im Sinn einer transzendenten Wirklichkeit in unserer Gesellschaft Raum zu geben.

Literatur

1 Thürkauf, M., Technomanie – die Todeskrankheit des Materialismus, Schaffhausen 1980
2 Berger, K., Evolution und Aggression, Factum *11/12,* 1980
3 Haeckel, E., Natürliche Schöpfungsgeschichte, 1868
4 siehe hierzu Scheven, J., Daten zur Evolutionslehre im Biologieunterricht, Stuttgart 1979
5 Lorenz, K., Die Rückseite des Spiegels, München 1973
6 Lorenz, K., Die Rückseite des Spiegels, München 1973
7 Dawkins, R., Das egoistische Gen, Heidelberg 1978
8 Eigen, M., Das Spiel, München 1975
9 Monod, J., Zufall und Notwendigkeit, München 1971
10 Lorenz, K., Die Rückseite des Spiegels, München 1973
11 Gunning, K., Coming from... Going where? De Groot-Goudriaan 1980
12 Frankl, V., Der Mensch vor der Frage nach dem Sinn, München 1979

Weiterführende Literatur

Blechschmidt, E., Die vorgeburtlichen Entwicklungsstadien des Menschen, Basel 1961
– Die pränatalen Organsysteme des Menschen, Stuttgart 1973
– Wie beginnt das menschliche Leben, Stein a. Rh. 1976
– Anatomie und Ontogenese des Menschen, Heidelberg 1978
– Entwicklungsgeschichte und Entwicklung, Scheidewege *1,* 1975
– Der Systemcharakter der Zelle, Scheidewege *4,* 1978